NOSTALGIC SAUNA

やさしくて、あたたかい　10のサウナの物語

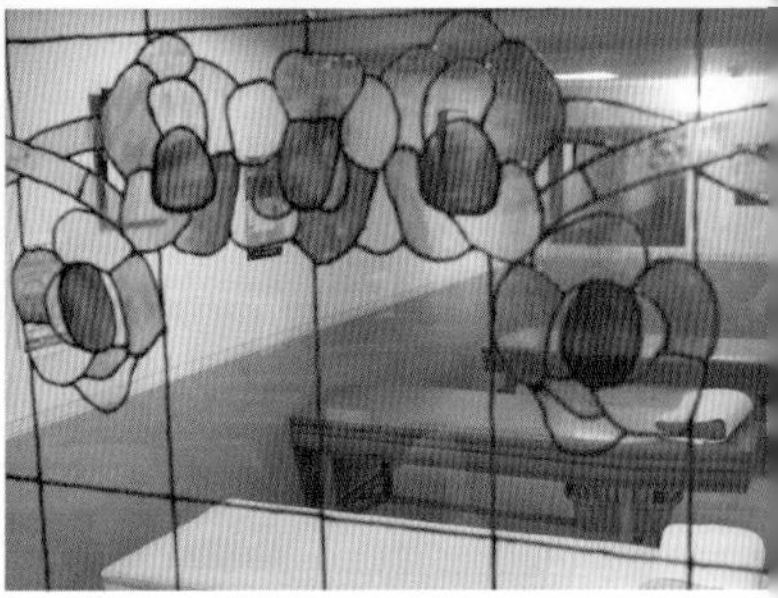

(写真はイメージ
一枚200円

5F
サウナ・浴室
階下へは
階段を
御利用下さい
食事・化粧室

サウナセンター

おかえりなさい
おうちのように
ゆっくり

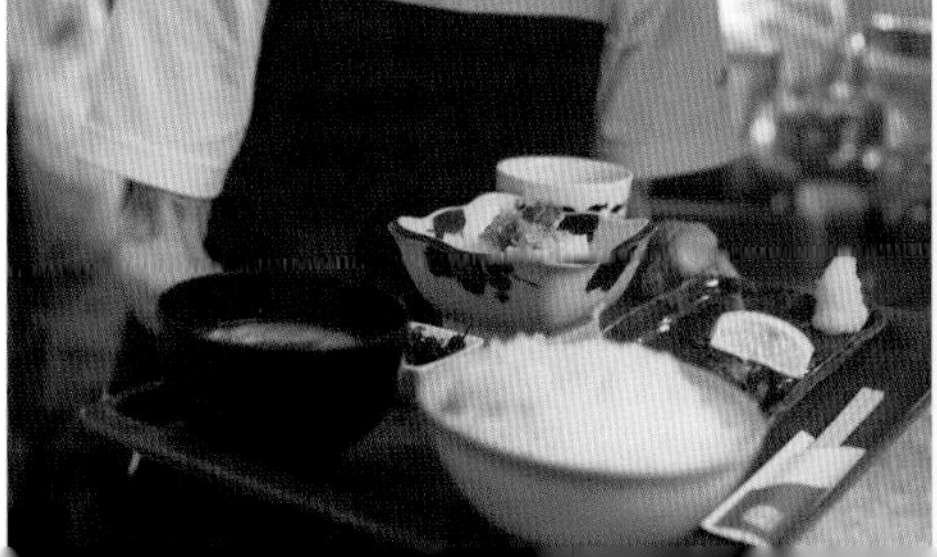

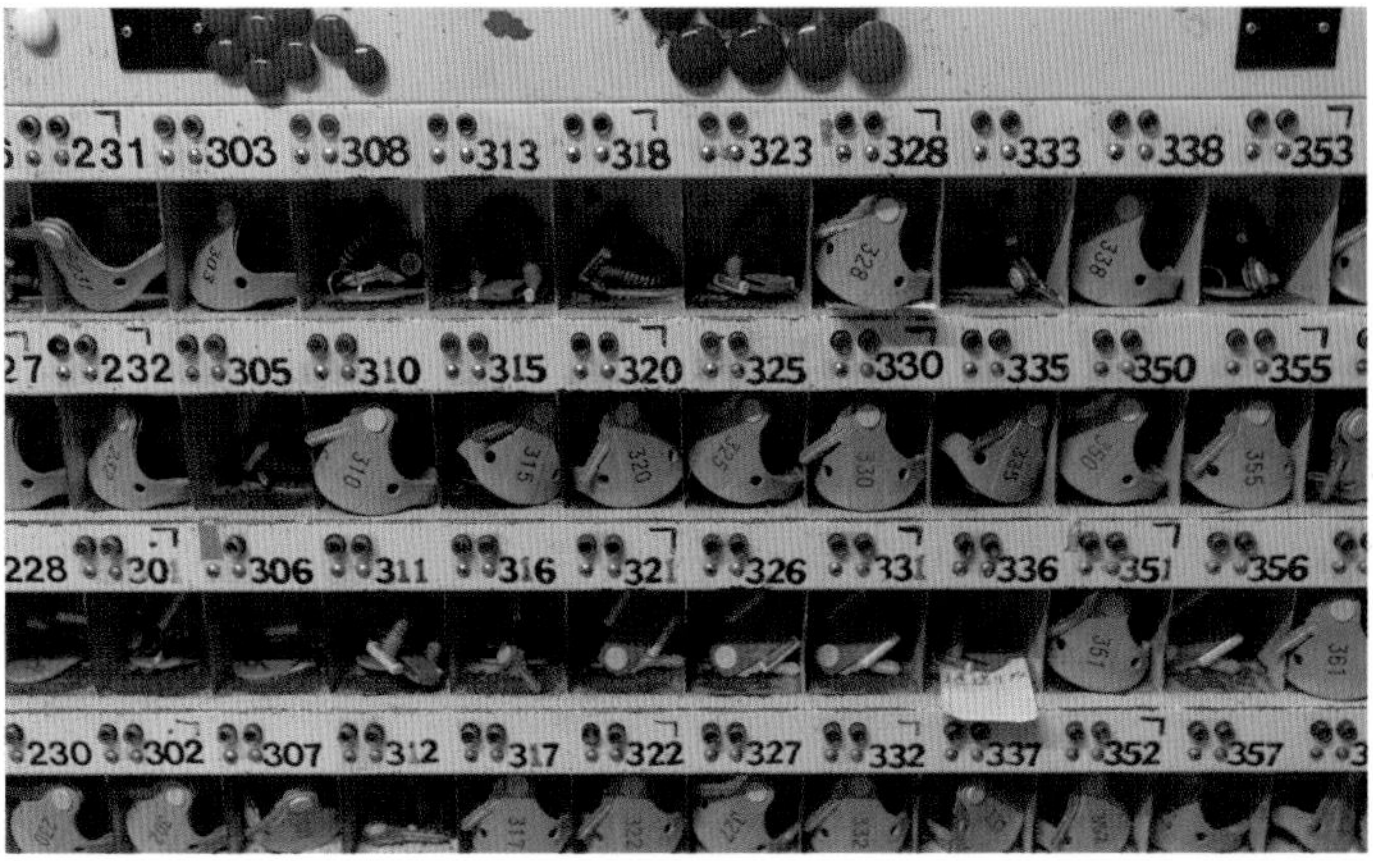
231 303 308 313 318 323 328 333 338 353
232 305 310 315 320 325 330 335 350 355
228 306 311 316 321 326 331 336 351 356
230 302 307 312 317 322 327 332 337 352 357

目次

第2章 念ずれば、通ず。〜毎日の「凄み」〜

目　次

はじめに

昨年（令和4年／2022）、「NOSTALGIC SAUNA」という写真集を、サウナ番組「マグ万平ののちほどサウナで」のマグ万平さんをはじめとする「のちほど」チームと、雑誌「SAUNA BROS.」のチームで制作、発行した。全国各地で時折出会ってしまうすごいサウナ……少し古いけれど、とびきり安らげる空間。時代を超えて人々を癒し、愛され続ける場所。その魅力をより多くの人に伝えたい、何かの形で記録したい、という趣旨の1冊だ。

10のサウナ施設を訪ねさせてもらった。いずれも創業は「昭和」時代。令和の現在に至るまで、長い時間とともに醸成されてきた味わい深さや、そこに集っていた人々の息遣い。また、人々を迎え、あたため続けてきた方々の、やさしさや矜持に満ちた「思い」も強く感じ、この撮影取材自体も本当に幸せな時間だった。そして、合間に耳にした往時の秘話の数々にも無性に惹きつけられた。なぜサウナを始めたのか。良い時代もあれば、苦しい時期もあり、時には思わぬ〝事件〟やピンチも……。写真集に載せきれなかった、10のサウナの物語をお届けしたい。

第1章

令和に伝わる、あの頃の「安らぎ」

10のサウナすべてに感じてしまうなんともいえない「あたたかみ」。昭和という時代──令和の今と比べるわけではないけれど、やさしさと大らかさに満ちた「あの頃」についい思いを馳せてしまう。

1

久慈サウナ（岩手県・久慈市）

目標は『現状維持』。ただ4階に明かりを灯し続けたいんです

看板に使うお金があったら、こんな使い道に

東京方面から向かうときでも、私はJR八戸駅までまず北上する。そして新幹線から在来線に乗り換え、久慈駅までおよそ1時間40分。けっこうな遠路ではある。とはいえ、車窓の景色は海岸線や山中の緑と次々に表情を変えてくれることもあり、まったく退屈しない。いや、このあと待っているあのサウナ浴を考えると、この八戸線での長時間移動も、むしろ早いとすら感じてしまう。

久慈駅に降り立ち、ガードをくぐってその建物の前へ。駅前エリアにあるとはいえ、初訪問時にすぐ「久慈サウナ」を見つけられるかというと、そこは疑問符がついてしまうかもしれない。何しろ小さな「久慈サウナ　4F」という看板が遠慮がちに（歩道にはみ出させることもなく）、敷地内にポツンと置いてあるだ

けなのだから。

「そういえば、看板はあれだけですね。もうずっとそうです。たしかにもっと目立つものを設置するべきかもしれませんね（笑）。でも、お金があったら、全部、お客さんのためになる具体的な使い方に消えちゃうんですよ。サウナや館内のメンテ費とか、そういうものに。あんまり看板のことを考えたことはなかったなぁ」

そう言って笑う鹿糠幸司さん。その表情に、たちまちこちらまで大らかな気持ちになる。もっと宣伝というか、前に出た方がいいんじゃないですか、なんて言おうとしていた気持ちが一瞬にして消える。

その一言からだけでも、この久慈サウナのこれまでが垣間見えるのだ。

久慈サウナは昭和50年（1975）頃に、近くの小久慈町で開業したそう。

「私の父がもともとタクシーや貸切バスなどの運輸・旅行系の会社を経営していまして、その事務所を小久慈町に移転したんです。そこが、もともと温浴施設があった建物で。せっかくあるならやってみようかと整備してサウナをオープンしたんですね。それが『久慈サウナ』の始まりだそうです。頃・というのは正確な記録とかが今はないので。でも、たぶん昭和50年です」

楽しそうな人々の笑顔。幼き日に見た「幸せ」の原風景

その後、本業の事務所が手狭になってきたタイミングで、この駅前のビルを紹介されたそう。そこで小久慈町の建物はタクシーやバスのオフィスに特化し、サウナをこの建物に移すことにしたそう。それが昭和56年（１９８１）のこと。

「1階がパブで、2階が喫茶店。3階が映画館で、4階がサウナ。当時の娯楽がギュッと詰めこまれて……。〝レジャービル〟と呼びたくなるような建物でした」

ちなみに映画館の名前は「久慈シネマ」。当時、久慈市内で唯一の映画館だったそうで「話題の洋画などもかかっていたし、数ヵ月に一度は〝たのきん映画〟なんかも上映していた記憶がありますね」と鹿糠さん。

あの頃の記憶がある方には、脳裏によぎる光景があるのではないだろうか。そうでない人もイメージしてみてほしい。ちょっとレトロなデザインの2本立ての映画のポスターが街のあちこちに貼られ、風に吹かれているさまを。

「完全に〝昭和〟の風景ですよね。でも、そういう娯楽の場だったからか、いる人みんなが幸せそうだったんですよ。4階のサウナもそう。ときどき父親に連れられて来ていたんですが、強めのパーマをあてたややコワモテの男性なんかもたくさんいましたけど（笑）、皆さんとってもいい表情で。僕自身もそんな中でお風呂やサウナに入ったり、ジュースを飲んだりして。楽しかったんですよね」

ほぼすべてが40年モノ。「ノスタルジー」は結果論!?

もともと温浴施設だった前の店舗とは異なり、普通のビルだったため、4階はフル改装。休憩できる広間や浴室がつくられ、現在の久慈サウナが生まれた。

「あの『軽食・喫茶』の下に『サウナ』と赤い文字で書かれている看板から先の

空間が、基本的にはその時からずっとそのままということになります。切れた電球を換えたりということ以外は、ほぼすべてが〝40年以上〟物なんですよね」

履き物を脱いで上がるカーペットから始まり、浴後に休憩をとれる広間で見上げる照明器具、髪や体を乾かし身だしなみを整える鏡前エリアの壁のクロス……。どれもが、どこか懐かしいデザインなうえに、そんなにも使い込まれているのだ。目にしたり体が触れた瞬間に、味わい深さを感じてしまうのも納得だ。

「〝ノスタルジーを感じる〟なんて皆さんに言っていただけますが、それはそうですよ、変えちゃいないんですから（笑）。あくまでも結果論なんです。浴室もサウナ室もほぼすべてが当時のまま。あ、浴室の床は、防水塗装がまだ良くなかった時代のもので、経年劣化で水漏れしてしまったため、そこは貼り直しましたが」

笑いながら言うが、それはぜんぜん簡単なことではない。芸術品や鑑賞品ではなく日用品というものは、どんなに大切に扱っていても破損したり、不具合が生じたりするもの。また、歳月を経ると、それまで使われていた製品の生産が終了

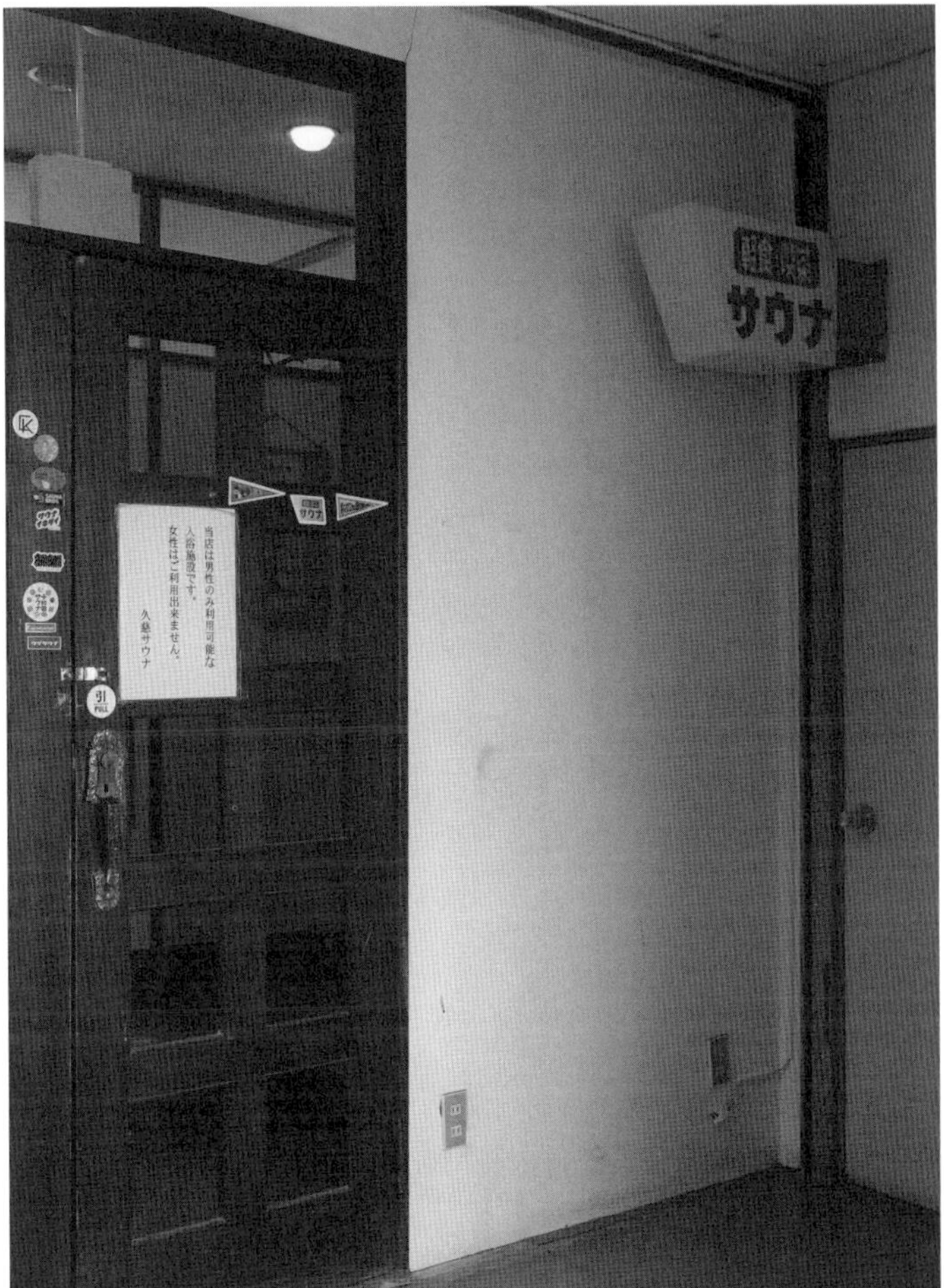
サウナ
当店は男性のみ利用可能な入浴施設です。女性はご利用出来ません。
久慈サウナ
引
PULL

し、メーカーは進化させた新商品を発表、販売するのが世の常。交換部品なども次第に手に入らなくなるため、必然的に買い替えを迫られることにもなる。

そうした、まさに「消耗品」といえるものが、40年以上も現役で使われている。

「できるだけ買い替えたくなかったら、壊れないように細心の注意を払いますよね。それだけのことです」と鹿糠さんはまたしても朗らかに笑うが、使い続けられるということは、その施設が日々の手入れや清掃にどれだけ留意しているかの証左でもあるのだ。

経営不振で最初の閉店。リベンジを直訴するも……

サウナ室も、入った瞬間に心が安らぐ空間だ。ここも往時のままだそう。サウナストーブはＭＥＴＯＳ社が「中山産業」だった時代のもの。サウナストーンもオープン以来、不変で、増えも減りもしていない。そしてこのストーブを取り囲むどこかヨーロピアン調な鉄柵にも思わずグッときてしまう。ここまで趣きのあるビジュアルは、今やあまりお目にかかれるものではない。

もちろん雰囲気や味わいだけではなく、その熱さがとてつもなく気持ちいいことも「変えず」にこられた理由だろう。全国の愛好家の間で「北の名店」とも称され続けるポテンシャル……温度と湿度のバランスが実に絶妙で、肌に感じる熱さはガツンとくる一方でどこかとても軽い。ベンチに腰を下ろすとすぐに汗が気持ちよく噴き出すし、長い時間、座り続けてもいられる。

そして、サウナ室を出たあとの水風呂も最高だ。なめらかな肌触りの地下水が体をやわらかく包み込みながら、体表の熱さをしっかりと取り払ってくれる。

そんな久慈サウナだが、実はこの40余年の間に「閉店の危機」があった。

「危機というより、実際に2度ほど閉店しています。最初の閉店は今から20年くらい前でした。当時の料金は1200円ほどだったと記憶しているんですが、都会ではないこの地域で、その金額でサウナに来ていただけるのは普通のサラリーマンのような層ではなかったですからね。先ほど〝ちょっとコワモテの方も多かった〟と言いましたが、ご自身で事業をされているような方……この近辺だと、飲食関係とかでしょうか。そういう方が多かったんです。でも、バブル崩壊以降、少しずつそういうお客さんの姿が減ってきた。世の流れ、でしょうね。そのうち、お客さんが日に数名なんてこともザラになってきて。平成16年（２００４）だったかな、ついに社長である父も含め、会社から『経営的に成り立たない』という判断を下されてしまったんです」

すでに大学を卒業し、家業の会社で働いていた鹿糠さん。当時は仕事を終えたあとに「週7で入っていました」と言うほど、この久慈サウナを愛していたが「たしかに、仕方ないよな」と一度はあきらめたそう。

「ただ、やっぱり未練があったんですよね。実際に閉店となったあとにこのビルの下を通ると、4階に明かりがついていないのが見えるんです。これは寂しいなと。それに耐えかねて、1年後に直訴したんです。『まだ設備は十分に使えるし、営業再開させてください。赤字は無くす。プラスマイナスでゼロなら、やらせてもらえないか』って。『プラスにする』とか『儲ける』とは言いませんでしたが（笑）。でも、その直訴の結果、『もう一度やってみなさい』となって。うれしかったですよ。今思えば、それを許してくれたのもスゴいと思いますけど（笑）。

ただ、ほぼ何の策もなく〝思い〟と〝勢い〟でリスタートしたので、案の定、1〜2年してまた閉めなきゃならないことになりました。あっ、料金を1000円にしたのかな。でも、それくらいではお客さんは増えなかった。いや、ブランクがあった分、前よりもお客さんは確実に減っていましたね」

2度目の閉店。でもやっぱりあきらめきれない

「再々度、チャレンジさせてほしいとまたお願いに行きました。あのときは父…社長だけでなく周囲も呆れていました。母親ですら、やや冷ややかでしたね（笑）。でも『今度はいろいろ考えて再生させます』と、前よりも強く説得しまして。平成20年（2008）に再々開することに。〝第3期〟をスタートさせました」

料金を半額の500円に（※2023年現在は600円）。そして夕方の6時半以降、午後10時の閉店までの夜間は、スタッフのいない〝無人〟の営業形態に。迷いながらも大きく舵を切った。

「1日のお客さんが100人でも1人でも、経費自体はさして変わらないんです。だったら、薄利多売で出来るだけたくさんのお客さんを呼びつつ、人件費もギリギリまで節減しようと。たばこの自動販売機を転用した『自動発券機』を導入して、夜間の無人になる間は、お客さんにフロントに置いたカゴにチケットを入れてもらうようにしました」

もちろん緊急時などには専務である鹿糠さんが本社から、また昼間のスタッフである久慈陽子さんらがすぐに駆け付けられる対応を準備したうえで、の合理化。この施策は、利用客への「信頼」に基づくものでもある。

「夜間の無人化は大きな決断でしたが、それをしなくてはダメだったんです。再々開後もしばらくは1日の利用者が私を含め4~5名という状況が続きましたから。ただ、お客さんには浴室なども上手く〝自治〟してもらえると思っていましたし、何より、まずは営業を継続することが一番だったので。でも、続けていくうちに『今日は2ケタ来てくれた』『今日は20人だ。売り上げが1万円だ!』って(笑)。少しずつ前進し、時間はかかりましたが……どうにか赤字から脱却できました」

フロント

“奇跡のガウン”が象徴するもの

鹿糠さんが言う「自治」は、実際に行ったことがある人なら実感できるはず。丁寧にととのえられた空間を見ると、利用したあとも同じようにしたくなるDNAが我々には宿っているのかもしれない。浴室や広間、化粧鏡前はもちろんのこと、シワひとつなく整然と吊るされた薄いブルーの館内着や、常連さんが置いているのであろう私物のお風呂道具のセットまでが棚にキレイに整理されているのを見ると、自分たちも美しく利用したい気持ちになってくるから不思議なものだ。

「そう言っていただけるとありがたいです。棚もいつの間にか……自然発生的にああなりました（笑）。使いやすいように使ってくれればいいと思っているんですが、こんなに美しく並べてもらっているのを見ると、私たちだけでなくお客さんもいて初めてこのサウナが成り立ってるんだとあらためて思いますね。

あとはあの館内着、ガウンですが、実は創業時から使っているものなんですよ。一切買い足していないし、買い替えてもいません。もちろん多少はヘタってきているんで、もうやめようか、買い替えようかって思ったこともあるんですが、お客さんも『十分、着られるよ』って言ってくださるんで、そのまま使っています」

驚いた。設備や什器はともかく、どんなに丁寧に扱っていたとしても、40年も着続けられる服があるなんて。鹿糠さんはヘタっていると言うが、まさかそこまで歴史があるものとは思わせないほど、実際にキレイで快適なのだから。

「やっぱり、大事に大事に使っているからですかね。そしてこれは先ほど言ったこととも関連しますが……何よりお客さんにも恵まれているんですよ。皆さん優しいしマナーも良く、小さなことは気にしない。そこに助けられているというのはあると思います。実は年に数回ほど、地下水を汲み上げる際に砂が一緒に上がってくる日があるんですね。体に害はもちろんないのですが、砂のせいで水風呂がちょっと黒く濁るんです。でも『冷たさは変わらないからいいよ』って。どんなときもそんな調子（笑）。棚や館内の使い方も、ガウンの着方も、優しいんです」

いわく「お客さんがいるから、このサウナが成り立っている」。そのコメントには大いに共感するが、2度の閉店から、その都度復活させてきたのは誰あろう鹿糠さんの思いであり、久慈さんの丁寧な仕事や接客によるもの。果たしてその熱意はどこから来るのか。普通なら……2度の閉店を経たら心が折れてしまう。

「たしかに。1回閉店して再挑戦する方はいると思いますけど、確実な勝算があるわけでもないのに2度チャレンジする人はなかなかいないですよね（笑）。でも僕にとってこのサウナは、『幸せの記憶』というか『幸せの象徴』なんですよね。幼い日のあの楽しかった思い出も含めて。あとは、僕自身もそうなんですが……サウナに来たときに何か悩みや問題を抱えていても、帰るときには皆さんどこかハッピーな顔になるじゃないですか。それが好きなんです。ほんのささやかなことかもしれないけれど、そういう場所をなくしちゃいけないんじゃないかなって。

だから2度閉店したとしても、あきらめられなかったんですよね、でも、今だから言えますが、あのとき、あきらめないでいてよかったです。自分の中の『正義』と言うとちょっと大げさですが、やっぱり、自分が『正しい』、『やるべきだ』と思ったことなら、誠実に全身全霊で邁進すれば、近道は出来ないかもしれないけれど、いつかはたどり着けるものなんですよ。自信をもってそれは言えますね」

ただ「あり続ける」ことの大切さ、安心感

　２０１１年３月11日。あの東日本大震災の日も久慈サウナは営業していた。

「あのときは、ご高齢のお客さんが一人、サウナに入ってらっしゃったんです。突然立っていられないほどの揺れがきて。それがいったん収まったあと、浴室に行って声をおかけして。服を着ていただいて一緒に避難しました。支えながら階段を歩いて降りている間も、私自身も震えが止まらなかったけれど、とにかく必死でしたね。１階に着いて、安全な場所までどうにかお送りできたときに、ようやく少しホッとしたのを覚えています」と久慈さん。そして次の瞬間、「海が盛り上がっているのが見えた」そう。

「このビルは大きな被害はなくて。でも一帯ではインフラも止まってしまって、お風呂に入れない方もたくさんいました。２日後に安全が確認できたので、すぐに店を開けて、多くの方に利用していただきました」と鹿糠さん。

　少々、本稿の内容には収まりきらないと感じつつ、また、あの甚大な被害を思

うとかなり迷ったが、あえて掲載させてもらいたく記すことにした（聞いていた私自身が言葉に詰まり、その後、沈黙に突入してしまったことも、このコメントがどこか唐突なものに映るひとつの原因だ。そのこともお詫びしたい）。

数十秒後、鹿糠さんが再び微笑みながら口を開き、インタビューを締めてくれた。

「皆さんのおかげで、この久慈サウナは多少の空白期間はありましたが（笑）、40数年にわたって営業してこられました。今後も私はここを存続させたいなと思っています。でも店を大きくしようとか、華やかにしようとか、新しい何かを導入しよう、という気持ちはありません。ただ毎日、存在できればそれでいい。経営者としてはどうかと思いますが、これからも鉄壁の守りの経営で行こうかと（笑）。『現状維持』で、ただ4階に明かりを灯し続けることが……永遠の目標です」

派手さは一切ないけれど、どんな日もただそこに在り続け、体も心もあたためてくれる場所。この安心感ややさしさ、圧倒的な居心地の良さに包まれに、またここに来たい。4階の明かりを見上げながらそう思った。

2

静謐なロッジに息づく、大切な人への思い

サウナきさらづ つぼや（千葉県・木更津市）

「くつろいだ気分に」——大きな赤い屋根にこめられた思い

初めてこの「サウナきさらづ つぼや」（以下「つぼや」）を訪れたのは、本当に暑い夏の日のことだった。車を降り、ギラつく太陽を避け、俯きながら駐車場を横切る。エントランス前で目線を上げると、大きな赤い屋根越しに真っ青な空が広がっていた。2色のコントラストが鮮烈で、壁や屋根も間近で見ると、ほど良い年季が実に味わい深い。思わず「いいなあ」と呟いてしまったことを覚えている。

そのまま館内に入り、サウナ室や水風呂、休憩エリアのリクライニングシートと、居心地のいい空間をたっぷり堪能。心身ともに最高の1日を過ごしたのだ。

以来、何度か再訪しているが、自分の中で「つぼや」を思い出すときに最初に頭に浮かぶのは、あの夏の日の赤い屋根と青空だ。熱いサウナ室も清冽な水風呂も大好きだが、私の中ではあの光景が「つぼや」での快適な時間を象徴している。

取材合間の雑談時にそんな話をしたら、社長の細谷昇さんからこんな返答が。

「実は、この店で最初に決めたものが屋根のデザインなんです。『つぼや』は別の場所で創業したんだけど、あるとき道路拡張工事の区画整理に引っかかっちゃって。この土地に移り、店舗を建て直したんです。そのときまず設計士に『上越国際スキー場』のホテル（※）の写真を見せ、『こんな風に』って。周りが無機質な四角いビルのなかで、三角の洒落た赤い屋根の建物は目立つし、お客さんにもくつろいだ気分になってもらえるんじゃないか、って。それを今、思い出しました」

※「ホテルグリーンプラザ上越」＝昭和56年（１９８１）～58年（１９８３）に開業。本館、アネックス、新館の３棟からなり、赤い三角屋根が特徴的。

昇さんの言葉にもあるように、現在の店舗は昭和59年（１９８４）に建てられたもの。「つぼや」の歴史はこの年を境に、大きく2つの時代に分けることができるかもしれない。

「サウナを始めたのは昭和46年（1971）なんですけど、それまでのウチは、今と同じ屋号で飲食業……食堂を営んでいたんです。親父とおふくろで始めた小さな店だったんですけどね。でも、けっこうお客さんも来てくれていて、かなり順調ではあったんですよ。それなのに、親父が突然、商売替えをするって言いだした。『何をやるの？』って聞いたら、『次はサウナだ』って」

昇さんの父で先代社長の細谷正次さんは、大正15年（＝昭和元年／1926）生まれ。まさに激動の昭和とともに生きた世代だが、なかでも最も辛く苦しかった戦後の混乱の時代を、昇さんいわく「とにかく自分の手でたくましく切り拓いた人だった」そう。

「つぼや」をゼロから立ち上げた、その正次さんのエピソードは……聞けば聞くほど痛快で、胸躍るものだった。

無一文……まさに裸一貫からの「つぼや」創業秘話

「そうですねぇ……バイタリティーにあふれた人でしたね、親父は。戦争から帰ってきてお金もツテも何もなかったから、いろんな仕事を見つけては自分から飛び込んでいったそうです。自分に出来そうだったら、なんでもやってみようって。土木、建築、配管工事といった肉体労働から、ほかのいろんな職業も……『一通りやった』って言っていました。そして、ただ仕事を〝こなす〟というのじゃなく、そこで得られる〝いつか使えそうな技術や知識〟を、働いている間にいろいろ身に付けた、って。実際にサウナを始めてからも、その頃に蓄積したものを役立てていたし、私に対しても『簡単な配管くらいは自分でできるようになっておけ』と。そういう人でした。そうやってまさに裸一貫から自分の手で、母と姉と私を養いつつ、少しずつ資金を貯めて、ついに自分の店を開いたんです」

それが「食堂つぼや」。屋号は、もちろん正次さん自らのネーミングだ。

「〝つぼ〟は漢字で書くと〝壺〟なんです。壺って上から何かを入れるけど、口の方が細いから、なかなか出ては行かない。そんな風に、自分たちにも来てくれるお客さんにも、お金や幸せが貯まるように――そんな思いを込めたと聞きました」

ガムシャラに働きもしたが、「親父にはいろんなアイデアがあったし、時代を読む力みたいなことにも優れた部分があったんですよね」と昇さん。その言葉どおり、創業後も要所要所でその〝勘の良さ〟を発揮していく。

「ちょっとした閃きとかセンスみたいなことでいえば……食堂を始めたときに親父は『つぼや』って書かれた看板を、店頭で逆さまに取り付けたんです。私にしてみたら〝何のためだろう？〟って不思議だったんだけど、すぐにいろんなお客さんが『看板が反対になってるぞ』『読めないよ！』とか言いながら、店に入ってくるんです。面白い店が出来たなんて話題になり、わざわざ遠くから食べに来る人もいて。〝そういう作戦だったのか〟と子供心にも感心したことを覚えてますね。

ビジネスの〝勘〟や〝読み〟みたいなところでいうと……『つぼや』は元々、普通の食堂として創業したんだけど、あるとき、『ドライブインにするぞ』と商売のスタイルをガラッと替えたんです。マイカーの所有者が増えたり、工場がどんどん出来てトラックが増えたりといった時代でしたので、これも当たりましたよね」

日本の社会全体が高度経済成長期の真っただ中。一般家庭でも、所得の向上に伴い外食の機会が増えており、飲食事業という業態も見通しは明るかった。時代とともに「つぼや」も順調に成長曲線を描いていくと家族全員が思っていたという。だが、あるとき突然、正次さんが「ドライブインをやめようと思う」と言い出し、母や姉、そして昇さんを驚かせる。

「人と同じことをやっていてはダメ」という信念

順調だった事業からの突然の撤退宣言。いったい何があったというのか!?

「きっかけは、24時間営業のファミリーレストランが登場したことでした。たしか『すかいらーく』だったと思うけど、その1号店がオープンするなど、いろんな大手が郊外型のロードサイドレストランをチェーン展開し始めたんですね。そのニュースを聞いて、親父は危機感を持ったんですよね。『このままでは、ウチみたいな個人営業のドライブインなんてひとたまりもない』って」

日本初のファミレスといわれる「すかいらーく」の1号店が東京・国立に誕生したのは昭和45年（1970）のこと。まだ「つぼや」の近くに進出されたわけでもなかったが、正次さんはすぐに次の一手を探り始める。

「ちょうどその頃、千葉（千葉市内）に住んでいる親戚から『サウナ風呂っていうのが最近出来たらしい』という話題を聞いて。親父はさっそく体験しに出かけたんです。千葉から東京にかけて、数店舗に行ってみた親父は、手応えを感じたんでしょうね。『これを木更津でやってみようと思う』と、決断したんです」

かくして、「ドライブイン つぼや」は、同じ敷地で、木更津初のサウナ施設「サウナきさらづ つぼや」に生まれ変わった。それにしてもスピード感がすごい。正次さんがドライブイン撤退を考えた日から、まだ1年も経っていなかった。

当時、中学1年生になっていた昇さん。家族として成功を信じ、祈ってはいたものの「正直なところ、やっぱり少しは不安があった」というが、またしても正次さんの〝読み〟は大当たり。「つぼや」は連日、大いににぎわったそう。

「当時、木更津にはサウナがありませんでした。だからもの珍しさもあったと思いますし、もともと木更津は漁師町で、新日鉄の大きな工場があったりもしたので……この街にはサウナの潜在的ニーズがあったんでしょうね。仕事を終えて、海や工場で冷えた体をあたためたり休める人もいれば、そういう土地柄なもんで〝サウナで酒を抜く〟なんていう荒っぽい男が、そこらじゅうにいましたしね（笑）。

それまでに食堂なども繁盛させてきたので、そういう実績というか親父のキャラクターをみて、銀行もかなり融資をしてくれたそうです。最初は素人だから見よう見まねではあったけど、サウナ室や水風呂などの設備も、かなりきちんと整えられて。そのうえ、さっきも話したようにいろんな工夫をする人だったし、若い時の経験から、ちょっとした配管工事や内外装、整備なども出来たんですよね。評判が評判を呼んで、毎日たくさんのお客さんが来てくれました。

まぁ、でも、親父は常々『人と同じことをやってちゃダメなんだ』って言ってた人なんです。何よりも競合がいなかったというのが大きかったんでしょうね」

風雲児、衝撃の海外逃亡事件！

結果論ではあるけれど……昭和の時代には各地であれほど目にした「ドライブイン」という看板は、以降の日本でどんどん姿を消していった。その一方で、新しいビジネスとして選んだ「サウナ」は、こんなにも客たちを喜ばせている。次々と仕事を〝当てて〟いく父の背中は、実に頼もしく映ったことだろう。

「それはそうですね。まったく未知のものだったサウナをきちんと成功させましたから。いま思うとかなり山師っぽいけどね（笑）。でも、毎日、頑張っている姿も目にしていたし、息子ながら『やっぱり親父はすごいなぁ』と思っていました」

だが、正次さんにも〝弱点〟がなかったわけではない。むしろ、商売人としては致命的かもしれない苦手分野があった。

「細かい事務作業がダメで（笑）。もともと性格的に豪快なタイプなので、かなりの〝どんぶり勘定〟でしたし、知識がないことや多忙も重なり、帳簿を管理できていない時期もあって。でも、そんな状態では、新たにお金を借りられない。商売を広げるどころか、そもそも維持するのすら大変になってしまう。実際に、取引先や金融機関から問い合わせがきた時はいつも母が苦労して対応していました」

この頃「今では笑い話だけど、忘れられない〝事件〟」が起こる。ある日、昇さんが学校から帰ると、母親がひとりで呆然としていたそう。

「税務署だったか、金融機関だったか。とにかくお金のことで電話がかかってきて、『確認したいことがある』と言われた途端、親父が『あとは頼む』と告げて、家を飛び出して行ったって言うんです。『昇、どうしよう』と母に相談されたけど、そのときは私もパニックでした。だって、普通の中学生ですから（笑）。ワケが分からないまま、母と私の2人で担当者に会って、怒られて（笑）。結局、母がなんとか処理というか解決したんですが、なんと親父はそのとき、羽田空港から韓国に行っていたそうです。『え〜っ!?』って、本当に驚きました（笑）」

この〝事件〟をきっかけに、昇さんはある決意を固める。

「高校は普通科じゃなく商業科に行こう。自分が経理の知識を身に付けなきゃダメだ、って。あのときの親父の〝海外逃亡〟はそのくらい衝撃でした（笑）」

商業高校から大学（商学部）へと進んだ昇さんは、その後、会計事務所へ就職。あの日の誓いどおりに、経理のプロになっていた。

「会計事務所には2年半〜3年ほど勤めました。いずれは家業を継ぐつもりでいたから、学生時代も事務所にいたときも『つぼや』を手伝ってはいましたけど」

利用客数も安定し、〝ウイークポイント〟も、なんとかカバー。融資も順調に返済が進む……そんなあるとき、久々に大事件が「つぼや」を襲う。冒頭で触れた通り、店の敷地が道路拡張工事の区画整理エリアに該当してしまったのだ。

突然の立ち退き要求……一時はサウナ閉業のピンチも!!

「まさに青天の霹靂でしたから、驚いたし、参ったし……いまだから言えますけど、ちょっとは腹も立ちましたよね。こちらが落ち度なく商売をやってるところに来て『どいてくれ』とか『あっち行け』って言うんですから。でも、そんなことを言っていても仕方がないので、早々に切り替えて。立ち退きと移転の準備にあたろうとしていたんですが、ちょうどその頃に親父が体調を崩してしまって。あの時期は本当に大変でした」

幸い、正次さんの体調は回復したが、それ以前のように仕事をすることは避け、「つぼや」の業務は実質的に昇さんが取り仕切ることになったのだが……。

「移転の話が絡んでいたタイミングで親父が倒れたこともあって、〝今後の『つぼや』をどうするか？〟みたいな話も出ました。設備をもう一度つくり直すのも大変ですから。もうサウナはやめて、新しい場所では違う事業をしてみよう、とか。

でも、私はサウナを続けたかったんです。親父とおふくろが懸命に守ってきた仕事でしたし、それに何よりお客さんが気持ち良くなってくれたり、心身の健康に役に立てているというところが好きですしね。お客さんから『ぐっすり眠れたよ、ありがとう』なんて言ってもらえると嬉しいじゃないですか。『サウナだったら後を継ぐけど、そうじゃないなら会計事務所に戻る』と言ったのを覚えてます」

そんな昇さんの決意もあって、「つぼや」は無事（!?）に、サウナとして現在の地で再スタートを切ることに。昭和59年（１９８４）の11月に、大きな三角屋根の新店舗がオープンを果たした。

「移転後もお客さんが変わらず来てくれるかなどの不安はあったけど、ほとんどの方が一緒に付いて来てくれて、安心しました。まぁ、立ち退かされてるんで、前より広くなったし、建物も設備も新品だから大丈夫だったのかもしれない（笑）。まだバブル前で、景気もそれほど良くはなかったけど安定してました。企業さんもお金があったのか、あの頃はいろんな提携の話が来たりもしていました」

「提携」と言いますと？

「ウチはその頃、深夜1時までの営業だったんです。でも、ある会社から『工場の交代時間の関係で、その時間だと入りそびれてしまう従業員が出てしまう』と。

サウナきさらづ

『たとえば夜中の2時、3時くらいまで、浴室を時間単位で借り上げるので、従業員を入れてやってくれないか』といったお話もありました。出来るかどうか検討したんですが、なかなか折り合えず、実現はしなかったんですけどね」

正次さんがゼロからつくり、木更津にとってかけがえのない場所になった「つぼや」を昇さんが正式に継いだのは、移転からほどなくしてのことだった。

ただしっかりと、毎日を積み重ねる

だが、昭和から平成へと元号が変わり、しばらく経った頃から……少しずつお客さんが減ってきたと感じるように。

「一番良かった頃に比べて半分とは言わないけど、だいぶ減りました。木更津にはウチのあとに5軒くらいサウナが出来たけど気づけばもう全部ない……どこも厳しいんです。ウチは早めに家族経営にしたのが良かったんだと思う。最盛期は20人のスタッフがいたところ、いまは私と女房を含め5人で回してますからね」

利益は大きいが人手もかかる食事の提供などは近隣から出前を取る形に。その分、清掃や管理は徹底する——さまざまな工夫を凝らし利用客をもてなし続ける。

「お客さんには変わらず満足してもらいたいから、なんとか計算してやりくりして。大変は大変だけどね（笑）。うちは子供が4人……男女2人ずついるけど、1番上の子なんて、けっこう大きくなるまで泊まりでの家族旅行に連れていってあげられなかった。どうしても連休を取れなかったので。初めての1泊旅行のときの楽しそうな顔を見て、あぁ、可哀そうなことをしちゃってたなって思いました」

気づけば正次さんがサウナを始めたあの日から……半世紀以上の歳月が過ぎた。

「夜、店を閉めて浴室の掃除を終えたあとに、しみじみ思うんです。『よくここまで来たなぁ』って。好きな仕事だし、毎日来てくれるお客さんや、親父やおふくろへの思い——あまり深く考えたり欲張ったりせず、その思いだけでやってきた。子供たちには好きなことをやってほしいから、将来はどうなるか分からないけど、自分や女房が動ける間はしっかり、今後も毎日を積み重ねていきたいと思います」

3 ニューニシノサウナ（鹿児島県・鹿児島市）

昭和から令和。時代は移ろえど、色あせない思いと美学

100年の物語。サウナ草創期の秘話は、そのハイライト

ＪＲ鹿児島中央駅や鹿児島城からほど近い、いくつものアーケードや賑やかな通りが縦横に交差する南九州最大の繁華街、天文館。この鹿児島の文化・経済の中心地にある「ホテルニューニシノ」の歴史は、大正初期まで遡ることができる。

「県内の各地から、とくに薩摩半島南部の知覧地域などから乗合馬車でこの地に来た方が利用した宿がはじまりだそうです。知覧出身だった曾祖母が、はじめは役場から切り盛りを任されていたのですが、大正7年（1918）にそれを買い取ったんですね。その『西野旅館』を継いだ父が、昭和48年（1973）に『ホテルニューニシノ』としてビジネスホテルに建て替えたんですね。1階にコーヒー

ハウス、2〜3階には東映の映画館が入って、4階以上が大浴場のあるホテルというスタイルで、サウナもそのときにつくりました。いろいろな愉しみがある建物として、宿泊やサウナの利用以外にも、さまざまな方で賑わったそうです」

旅館としては実に100年以上。新装後のホテル、そしてサウナとしても半世紀。伝統というのは実に凄いものだとあらためて痛感する。建物全体やスタッフの方々から感じる、なんともいえないやさしさや気品、安心感にも思わず納得だ。

つい先ほど、その沿革を話してくれた現社長の西野友季子さんや、弟で専務の誠晃さん、先代社長の奥様で現会長の寧子さんの言葉の端々からも、大正、昭和、平成、令和……各時代を生き、この場所に集った人々の、それぞれの営みや世相が浮かび上がってくる。この建物の足跡は、まさに一級品の物語であり史料だ。

先代社長、西野憲保《のりお》さんが「ニューニシノサウナ」を誕生させ、発展させた頃の秘話は、間違いなく、そのハイライトシーンの一つだと思う。

英国好きの青年が、日本で広めたかったもの

友季子さんによると創業当初は2階建ての和風の宿だったという「西野旅館」。その後、温泉を整備したところ、男女別の大浴場のある温泉旅館として、さらなる賑わいをみせるように。

「2代目である祖父が、よりお客様にくつろいでほしいと温泉を掘りあてたんです。一般のご宿泊の方はもちろん、修学旅行生の宿としてなど、さらに広く利用していただけるようになったと聞いています」

さて、そんな和風の〝温泉旅館〟を、憲保さんが西洋風の〝ホテル〟にリニューアルしたのは、先述の通り1973年。いわゆる「高度経済成長期」はこの年までとされており、社会全体が豊かになるとともに、人々の暮らし＝生活様式も、欧米化が一気に進んだ時代だ。そうしたことも背景にあったのだろうか。

「たしかに。そういう時代でしたね。実は、主人ももともと、大の外国好きだっ

たんです。旅館を継ぐ前は、ＢＯＡＣ（※）、今の英国航空に勤めていましたしね。パイロットではなく、地上職員として。語学も堪能でしたから、仕事だけでなく個人的な旅行で、１人で海外へふらりと行くこともありました。イギリスをはじめ、いろんな国に行ってはさまざまなものに触れたり出会っていたみたいです。でも、どこへ行ったかはあまり話さないんです。私たちは、出かける日と帰ってくる日の日付しか分からないの（笑）」

※ British Overseas Airways Corporation＝「英国海外航空」。のちに「英国欧州航空」と合併し現在の「ブリティッシュ・エアウェイズ」〈英国航空〉に

懐かしそうに語ってくれたのは寧子さん。その言葉で、（あくまでも想像だが）いろいろなことが繋がった気がする。ホテルニューニシノのビル前面に設えられた角に丸みを帯びた大きな窓や、館内の装飾品やファニチャー類――。外観、内装を問わず、さまざまなものがミッドセンチュリー的なモダンさにあふれていることも、フィンランドサウナを標榜したサウナ室をいち早くつくったことも。海外好き、進取の精神……すべて憲保さんのプロフィールを聞けば合点がいく。

「フィンランドにも行っていたかもしれませんね。父には、自分がいいと思ったものをみんなに味わってもらいたいという思いが強くあったと思います。一度サウナを完成させた後も、あちこち見て歩いては改良を重ねていましたし。そのあたりのことについても詳しい者がいますので、一緒に話を聞いてみましょうか」

そう言うと友季子さんは席を立ち、フロントの奥に誰かを呼びに行ってくれた。

日本中のサウナを何周もした⁉ あくなき追求&向上心

常務の稲葉泰美さんは元々は東映の社員だったそう。冒頭の友季子さんの言葉にもある通り、かつて2～3階のフロアには鹿児島東映という映画館が入っていた。平成16年（2004）に閉館し、現在は他のテナントが入っているが、いまもホテルニューニシノの屋上の看板には東映のロゴマークが残っている。

さて、その鹿児島東映のオープン、つまりホテルの改装とともに赴任してきた稲葉さん。最初はテナントとしての関係だったが、すぐにヘッドハンティングされ、以降ずっと憲保さんとともにホテル、そしてニューニシノサウナに携わってきた。いわゆる「大番頭さん」だ。

「先代（憲保さん）は、常にいいサウナ、気持ち良いサウナを追求していましたね。ご自身もサウナが大好きで、英国航空時代もいろんな国のサウナに行っていたようですし、海外では仕事で人と会うときにサウナで面会するなんてこともあったようです。フィンランドのサウナにも行ったことがあると私も聞きました」

2023年現在、ニューニシノサウナには、80℃台の温度と程よい湿度のセッティングが心地よく、壁や天井にケロ材（※）を用いた「フィンランドサウナ」と、温泉のスチームを利用した「備長炭温泉蒸気サウナ」の2つのサウナ室がある。

※ケロ＝北極圏で育った、樹齢200年以上の立ち枯れたシルバーパイン材。厳しい環境下で成長するため気密性や断熱性が極めて高く、枯れてからも腐らず立ち残るほど頑強。「木の宝石」と称されるほど稀少かつ高価な木材

「数は同じ。最初からサウナ室は2つです。でも、どちらも現在のようなスタイルではなかったですね。『フィンランドサウナ』のほうは、いまよりずっと高温

の昭和ストロングなサウナ室でした。110℃くらいはあったんじゃないかな(笑)。壁や天井の木材も当初はケロではなく、もっと普通の材。名前もとくにはありませんでしたね。でも、サウナストーブは、当時と同じものを部品交換だけしながら現在も使い続けています。あの当時は遠赤外線のガスヒーターを導入するところも多かったけど、ウチはストーンを積む、フィンランドでよく使われているタイプ。おそらくそこは、先代もこだわっていたんじゃないかと思いますね。スチームのサウナ室のほうは、温泉の蒸気ではなく、当時〝健康にいい〟といわれてウチでも導入していた、ラドンの浴槽の蒸気を利用していました。ただ、それぞれのサウナ室の広さや位置みたいなものは、現在とまったく同じでしたね」

基本的な構造は変えない。すなわち大きな「工事」はしていないけれど、「改良」的なアップデートや調整は重ねてきたということなのだろう。

「その通りですね。まず、つくるときには、かなり先のことまでじっくり考えて、大きく直さなければいけないようなものには絶対にしない。先代はそういう人でした。だから、構造的な部分については、50年経ったいまも、ほぼ変えずに済んできたんです。ちょっと話は変わりますが……だいぶ後になって、建物の耐震基準や法令が厳しくなったんですね。そのときに調べてみたら、この建物はその新基準よりもはるかに頑丈に造られていたんです。法令や予算とはまったく関係なく、とにかく安全に頑丈に設計されていたそうで……先代らしいなと思いました。そういうところは、すごく徹底して厳しかったです。それ以外は大らかな人でしたけど、サウナについても、案を持っていくたびに、先々の維持や管理を含めて本当に細かくチェックされて。よく怒られました（笑）」

一方で、より良いものにしようという点では貪欲。良いと思ったものはすぐ柔軟に取り入れ、改良を続けたそう。また、現状にけっして満足することなく、実際に自分の感覚で確かめるために、全国を飛び回ったりもしたそう。

「定期的に国内のいろんなサウナに行きました。そのときに向かう地域にもよるんですが、まず40〜50万円くらいの現金を渡されるんです。そこから私が、まずリストを作って、先に1人で6泊8日くらいかけて朝から晩までずっとサウナを回ってくるんですよ。それをレポートにまとめるんです。まぁ、下見ですよね。

その報告書をチェックして、今度は2泊3日くらいの日程で、あらためて先代と私で一緒に訪ねて回る。そういう旅に年に5～6回は出ていましたね」

東京、名古屋、大阪といった大都市はもちろんのこと、「北海道から沖縄まで、本当に全国隅々まで、ありとあらゆるサウナに入って回りました」と稲葉さん。現在と違ってリストアップも一苦労だが、なんの収穫もないときもあったそうだ。

「その分、素晴らしい施設に出会ったときは私も先代も嬉しかったですよ。ケロ材のサウナ室は、横浜のスカイスパで体験したんです。もう、すぐにケロの購入の手配をして、フィンランドから3ヵ月かけて運ばせました。東京の名門・後楽園サウナ（のちに「サウナ東京ドーム」と改称）で見たベンチ下のグリーンの照明にも感動して、ウチにも取り入れようと。昔は色のついたライトなんかなかったので、どうすりゃいいか分からんかったけど（笑）、研究を重ねて再現したんです。どんなにコストがかかろうと、大変だろうと『これは絶対にやらにゃいかん』、『鹿児島や九州全体のサウナのイメージも上がるんだ』といつも言っていました。

スチームのサウナ室については、ラドンをやめて新しく温泉を掘ることにしたんです。温泉というのは無限じゃないので、湧出量が減ったり、枯れたりするんですが、当時、それまでの温泉の出方がかなり不安定になってきていて、そろそろ新しく当てないといかんな、と。前よりかなり深いところまで掘ることで、豊富ないい泉源を当てたんです。そのお湯と蒸気を使うことにしました」

幾度かのそうした改装とともに「フィンランドサウナ」の温度と湿度のバランスを少しずつ調整するなど、あくまでも理想のサウナ室を目指し続けた2人。

2つのサウナ室が、ついに現在のスタイルにまでアップデートされたのは平成13年（2001）のことだそう。以降、その快適さによって、ニューニシノサウナの名が全国のサウナ好きに広く知られるようになったのはご存じの通りだ。

余談ではあるが、平成25年（2013）に、サウナ東京ドームが惜しまれつつ閉店した。サウナベンチの下でオーロラのようなグリーンのライトを灯すニューニシノサウナの「フィンランドサウナ」は、あの昭和の名施設の面影を追想できる、そして後世に伝えてくれる存在でもあるのだ。

紳士に伊達男、モーレツ会社員も!? 男たちが醸成した幸せな場所

さて、話を昭和48年に再び戻そう。2つのサウナ室を擁してホテルの4階にオープンしたニューニシノサウナ。同じフロアには、ずらりと休憩ソファが並ぶリラクゼーションエリアやマッサージ室なども併設。浴後に食事やドリンクもオーダーでき、仮眠のとれるスペースも完備。連日連夜、男たちで賑わったという。

「当時は24時間営業でしたから。ビジネスホテルの客室はあるんですが、この階でも寝られるとあって、実に多くの男性が利用されたそうです。天文館で飲んだあとに泊まって翌日ここから出社されたり、残業で終電に乗れなかった方が仮眠をとって、やはりそのままオフィスに戻ったり。床も含めてスペースがまったくなく、トイレの前の廊下で毛布にくるまっている方もいたそうです」(友季子さん)

現在も週末などに同じような光景を目にすることはあるが、往時はそれが日常。当時の日本にモーレツサラリーマンがいかに多かったことか。おそらくこの場所は、彼らにとって、ほんの束の間とはいえ、まさにオアシスに思えたことだろう。

「また、いまもマッサージは人気が高いんですが、かつては本当にすごかったそうです。施術の腕が確かなマッサージさんにたくさん来ていただいても、常に待っているお客さんがいる状態だった、と。人気のマッサージさんの中には、『ココでの仕事で家が建った』なんて人もいらっしゃったそうです」（友季子さん）

アフター5の会食や宴席の前に立ち寄り、さっぱりした顔で鏡を見ながら身だしなみを整え、再び天文館の街に繰り出していく。そんな男性も多かったという。

「綺麗好きな男性、お洒落な男性って、こんなにたくさんいるんだな、って思っていました。ひょっとすると、そのあと女性とお会いになる方もいらしたかもしれませんね（笑）。皆さん、実にいい表情をされていましたよ」（寧子さん）

そうした夕方の時間帯は、経営者や重役、町の有力者たちの顔も多かったそう。

「陽気に談笑されたり、ほんの一杯だけお飲みになりながら挨拶されたり。ちょっとした社交場のような雰囲気でした」と寧子さんは愉快そうに笑う。

背広姿で訪れ、一瞬でリフレッシュし、また背広を着て出かける。そんな日々を過ごす昭和の伊達男にとっては、たしかに、ここほどふさわしい場所もない。

西野家では、父が入浴する姿をほとんど見かけなかったそうだ。

「ほとんど毎日、この4階でサウナに入っていましたからね。自分の体でサウナ室を確認して、そして自分の目でフロアを見ていたんだと思います」（誠晃さん）

利用客たちの幸せそうな表情を見て、憲保さんもきっと充実した気持ちになったはずだ。そして、あくなき追求心がさらに奮い立ったに違いない。

昭和と令和。時代は移ろえど、変わらないもの

平成28年（2016）、憲保さんが体調を崩したことをきっかけに、友季子さんが4代目社長に就任。会長の寧子さん、専務の誠晃さんとともに、ホテルニューニシノ、そしてニューニシノサウナのバトンを引き継いだ。

「実は私自身、それまであまりサウナに入った経験がなかったんです。ここが男性専用サウナということもあるのですが。もちろん、それではいけないと思って入ってみたら……すぐに魅力に取りつかれてしまいました。こんなに気持ち良いのかって（笑）。このニューニシノサウナで父や常務、すべてのスタッフが築いてきてくれたものを今後も受け継ぎたいとあらためて思っています」（友季子さん）

友季子さんが大切にしたいものは、居心地の良さ。そして、利用客との信頼関係。

「建物も設備も。すべてがけっして新しくはないけれど、どこか落ち着く……この雰囲気はニューニシノにしかないものだと思うんです。30年、40年とずっと来ていただいている方も多いですが、そういったお客様の存在もあって、この空気感が出来上がっていると思うんです。この関係性はずっと保ちたいし、新たに来てくださる方ともそうなりたい。まずはこれまでと変わらぬ清潔感や心地良さを提供して、『やっぱり来てよかった』と思ってもらえるよう心を尽くしたいですね」

友季子さんの社長就任を見届け、憲保さんは２０１７年に他界された。

「安心したと思いますよ。自分のしてきたことをしっかりと理解して継いでくれているし、きっと発展させてくれるだろう、って」（寧子さん）

〝絶対に変えたくないもの〟を守る一方で友季子さんが新たに取り組んでいることもある。それは女性のニューニシノファン、女性のサウナファンを増やすこと。

「私自身もそうでしたが、やはり、サウナの気持ち良さに気付いていない女性ってまだまだいらっしゃると思うんですね。そういった方々に向けてできることはと考えて……まずは定期的にレディースデーも開催していきたいなと。九州のさまざまなサウナ施設の方とも協力して、周遊イベントを催したりなど、ほかにもいろいろとトライできれば、と思っています。皆さんが新しいものに出会えるきっかけになれたら素敵だなって」

サウナの気持ち良さを知ってほしい。新たなものとの出会いを提供したい。それらの思いは、まさに憲保さんの思いと重なるものではないだろうか。

昭和と令和。時代は移ろえど、本当に大切なものは、けっして変わらないのだ。

4 サウナシャン（大阪府・大阪市）

いまなお色濃く香る、華やかな時代の記憶と哀愁

煌めくネオン……いまも息づく昭和の華やかさ

梅田駅から、阪急の各駅電車でわずか2駅。大阪でも有数の繁華街、十三（じゅうそう）駅に降り立ち、賑やかな商店街から少し脇道に入っていく。歩くこと6〜7分。すると目の前にネオンの看板が見えてくる。周辺のキャバレーやどんな店の看板よりもカラフルで華やかだ。

サウナシャンは、サウナ施設としては昭和47年（1972）の創業。このネオンは開業以来、ずっとここで煌めいているそうだ。

「もともとここは、長く続いてきた銭湯やったんです。それを、『ニュージャパン・

スパプラザ』さんや『大東洋』さんに行ってサウナの気持ち良さを知った先代のオーナーが『ウチでもぜひ、この気持ち良さを提供したい』と、その年に改装して。だからサウナシャンとしてはもう50年以上かな、営業させてもらっています」

静かに微笑みつつ、そう教えてくださったのは支配人歴38年になる森静也さん。

「街も今よりずっとぎょうさん、人が歩いてました。このあたりは居酒屋やキャバレーなんかも今以上にたくさんあったからね。夜になるとそれはもう賑やかで。皆さん、ようけ飲んでました。ちょうど世の中全体が右肩上がりだった時代だから。昼間の仕事を終えた人たちがこの街に飲みに来はって、飲んだあとにウチに来る人もたくさんおったし。122部屋あるカプセルが毎晩埋まってましたからね」

昭和47年（1972）というのは「高度経済成長期」の最晩年。それに先立つ同45年（1970）には大阪万博も開催。その特需の影響などもあり、当時はこの街も日本の社会全体も……実に活気に満ちあふれていたという。

この建物には、そんな幸せだった時代の面影が、色濃く残っているのだ。

ゴージャスな美品がズラリ。昭和の最高級のおもてなし

入口のネオンもさることながら、館内に一歩足を踏み入れると、今度は内装や調度品にすぐに目を奪われる。店名の「シャン」はドイツ語で「美しい」という意味だが、目に映るものすべてがまさにその名に相応しい風格を備えているのだ。

「今の時代から見ると、どれも古めかしいというか、アンティークというか……サウナ施設にしては、ちょっとお堅い感じもしますけどね(笑)。お客さんにゆっくりしてもらうためには、安っぽさのない、最高のものを用意しておもてなししよう、っていう考えだったんですよね」

床にはワインカラーのカーペット。見上げれば天井一面から明るい光を放ってくる照明器具。このフロントから廊下を進んだ先にある、食堂と休憩室を兼ねたエリアに置かれたテーブルとソファも、実に風格を感じる逸品。たしかに、サウナ施設というよりは、どこかの大企業の応接室や重役室のほうが似合いそうだ。

「そのイスとテーブルは、〝国会議事堂にあるものと同じレベルのものを〟と発注して取り寄せたものらしいです。この更衣室のロッカーも、売られている既製品を買ってきて並べるんじゃなく、ここの天井の梁の部分に高さや幅がすっぽり収まるようにオーダーメイドで造ったもの。すべて、こだわっているんですわ」

元のつくりが重厚でゴージャスなだけではない。それらはどれも、とても綺麗で、50年以上も使われ続けているものとはまったく思えない。本書で掲載している他施設と同様、館内のどこを見ても、実に手入れと清掃が行き届いている。

「品物じたい、もともといいモノということもありますし、さっきも言ったように、お客さんを大事におもてなしするにあたっては、掃除は基本ですからね。これはずっと徹底的にやってきました。先代がそのあたり、本当に厳しい人やったし、その後を継いだ2代目のオーナーも、自分が先頭に立って毎日ピカピカに掃除をする人なんです。そんなんされたら、私も含めて、スタッフはもっと頑張ってやらざるを得ませんよね（笑）。まぁ、清潔さは、とにかくずっとこだわってやってきたところです」

浴室もグッとくる造り。極めつけはどちらもクセになる2つのサウナ室

身支度をととのえて、いざ浴室へ。サウナシャンは、隣り合わせた2つの建物で構成されていて、さっきまでのフロントや更衣室側のエリアと、浴室のあるエリアは、別の棟に存在する。

昭和期からある旅館などでは、よく本館と別館や新館を段差のある渡り廊下で繋いでいたりするが、まさしくそれと同じ。微妙な段差のステップを越えて進む。おまけに浴室へはさらに別の階段を通って行くため、慣れないと迷路に入ってしまったかのような感覚に陥る。

まぁ、個人的には……そんなところにもちょっとしたノスタルジックな魅力を感じ、ワクワクしたりするのだけれど。

浴室も先ほどの森さんの言葉どおり、床や壁のタイルもカランも浴槽も……まさにピッカピカに磨かれ、清潔に整えられている。アーチ状に丸みを帯びた柱やステンドグラス風の装飾など、あちこちに散りばめられた、どこか無国籍で懐かしさを感じさせる造形の数々にも、やはり心躍らされてしまう。

『アルハンブラ宮殿』とか、そういうイメージでデザインしとるんですよね。お客さんに高級感を味わってほしくて、こういう造りにしたそうです。もう時代が変わったから、若い人は古く感じるかもしれんけど……私は好きなんですわ（笑）」

サウナ室がまた、たまらない。２つあるサウナ室のうち、メインサウナのほうは浴室との仕切りがガラス張り。綺麗に拭きあげられたガラス扉の向こう側に大きなガス遠赤外線ヒーターが見える。室内に入って周囲を見やると、高い天井や壁には煌々と照明が輝いている。足裏が熱さを感じないようにとの配慮だろうか、床には絨毯が敷かれ、その上や２段式のベンチ上にも黄色いサウナマットが綺麗に敷き詰められている。さらに座面最上段の壁の部分に目を向ければ、背中が触れても熱くないよう、黄色い大きなバスタオルが掛けられている。実にやさしい。

温度はそれほど高くはないが、湿度がほとんどないカラカラさ。昨今、他では見かけない、まさに昔ながらのサウナ室。決して汗がドバドバ噴き出すタイプではないが、じっくり座っていることができ、しっかり体を温めるうちに、不思議と心が安らいでくる。明るく、安全＆安息が保証されたクセになるサウナ室だ。

SAUNA ROO
サウナ室

一方、もう1つの小さめのサウナ室では、キューゲル（球状にアロマ水を凍らせたもの）を溶かして、湿度やハッカの香りや肌がスーッとする感覚を楽しめるようになっている。スタッフの手作り感が満載な、そうした〝今風〟の工夫が凝らされているのだが、実はこちらのサウナ室は、定期的にその姿を変えることも。

「そうですね。このサウナ室では、いろいろ楽しんでもらえたらと自分たちなりに工夫したり、試行錯誤しています。数年前には、このサウナ室を『笑サウナ』という名前にして、BGMっぽく、やすし・きよしさんの漫才を流していたこともありましたわ（笑）」

水風呂やお湯の浴槽もそれぞれ程よい温度で実に気持ちいいのだが、この浴室全体で、利用客へのサービスが、常にいろいろと秘かにアップデートされている。水風呂の横に「雨だれシャワー」というギミックが設置されていたり、レンタル用のサウナハットや濡らしたタオルが小さな冷蔵庫でキンキンに冷やされていたり。どこか意外と言ってしまうと失礼かもしれないが、それらがレトロなイメージからはややギャップがあることに、いつも、なんともほっこりしてしまう。

狂乱の日々⁉ 突然訪れ、去っていったバブル景気

さて、高度経済成長期が終焉し、その後の数年間、日本の景気はやや失速。だが、昭和の終わりから平成初めにかけて、「バブル景気」が到来。再び社会全体が一気に活気づいた。

その期間は昭和61年（１９８６）の12月から、平成３年（１９９１）の２月といわれている。サウナシャンも十三の街も、世の中と同様に毎日がお祭りのような状態になったそう。

「すごかったですね。この街も、その何年か前は少しおとなしくなっとったんやけど、またいつの間にか人が増えて。みんな勢いがあって、ギラギラしてました（笑）。そのうち、この店にも毎日、また人がぎょうさん来るようになって。ここでも皆さん、賑やかに食べたり飲んだりするんやけど、そのうち『俺が出す』『さっき出してもらったんで、ここは俺や』って、競うようにお金を使ってくれるんです。ええカッコするのがステータスなんやな、なんて思ったことを覚えてます」

当時はカプセルホテルも浴室も、館内全体がオールナイトの営業。カプセルが満室でも、浴室や食堂、休憩室に少しでも余裕があれば、お客さんを受け入れたという。でも、ある時期、それを改めることに。

「朝の4時にいったん受付を閉めるようにしようと。その時間帯に来る方はホンマにベロベロに酔ってましたから。サウナやお風呂に入ったら危険ですし、そもそも泥酔してるから会話もままならない。実はスナックや飲み屋がその時間になると客を追い出していたんです。お店のママさんがここへ連れてくるなんていうこともしょっちゅうありました。ひどい話ですわ、自分たちで飲ましておいて。

もちろんどんな方でもお客さんではあるので、それまでは、よほどでなければ無碍にはしませんでした。でも、あの頃は本当にひどくてね。普通のちゃんとしたお客さんもいらっしゃるし、その人たちに迷惑かけたり、不愉快な思いはさせられんので追い返してました。酔っ払いとはまた別ですが、この街には当時、ヤンチャな方も多かったので、そういう人をビシッと断ることも多かったですね」

夜間はマッサージも人気だった。マッサージを担当する女性スタッフは早番、中番、深夜番と3交代制のシフト。多い時期は、深夜であっても、なんと30人ほどを確保し、店に詰めてもらえるよう手配していたそう。

「マッサージ台は20ほどあったんですが、それではとても捌ききらんほど、多くの人が利用してましたね。景気も良かったけど、その分、あの時代はみんな疲れていたのかもしれんですね（笑）。あまりにも長くお待たせすることはできんから、何人かは台ではなく床の上にマットを置いて、そこで施術したりもしていました」

そんな狂乱の日々が、少しずつ静かになっていったことも、森さんは確かに覚えているそう。

「お客さんがピークだったのは、１９８９年から１９９０年の2年くらいだったと思いますね。それが翌年になり、さらに2年、3年するうちに、よく来てくれた人の姿を見かけんようになり、景気よくお金を使う人も徐々に減っていった。どこのお店もそうだったみたいでしたよね。そのうち、ほかのサウナ施設が閉店、廃業していったみたいな話も聞くようになりましたから」

コロナ禍で陥った、まさかの危機

「その後は、いらっしゃるお客さんもほぼ顔なじみの常連さんばかりになりました。わりと年代が上の方が多いこともあって、その常連さんたち……毎日来られる方も少しずつ減っていって。いちばん忙しかったバブルの頃から比べると、20年、30年かけて考えられんくらいに人数は減りました。少しずつ厳しい状況にはなってきたなぁ、とは思っとったんですよね」

そんな状況で起こった危機がコロナ禍だった。2度の緊急事態宣言時には、行政の指導もあって、それぞれ営業を完全停止。サウナの再開後も、営業時間を午後2時~10時45分に短縮しつつ、カプセルホテルの営業は、まだ見合わせているまま（※2023年7月現在）。

「2回、店を閉めたじゃないですか。やっぱりマッサージのお姉さんは自営業者さんだから、皆さんほとんど他へ行って、おらんくなってしまって。仕方ないですよね。アルバイトも含めてスタッフも維持できなかったから、今はこの感じで営業するしかないんです。

まぁ、正直に言うと……緊急事態宣言のあとのことですが、オーナーも含めて『このまま閉店するのも選択肢の一つになるかもしれん、先がまったく読めない』っていう話題になったこともあったんです」

ドキッとした。先ほど「周辺では多くの店が廃業した」とも語られていた。でも、サウナシャンが閉店せず、時短ながらも営業を再開、継続しているのは――。

「やっぱり、うちへ来てくれる方がいてくれますからね。『まだ再開せんのか』と言ってくださるような常連さんもまだまだおったし。まぁ、そう言っておきながら、再開してもあまり来てくれなくなった人もいますけど。『階段があかんねん。エレベーター付けぇよ。そしたら行くわ』なんて軽口を言わはるんやけど（笑）。

まぁ、うちのサウナは最近の流行とは違う、時代遅れのサウナかもしれないですけど、これが好きだって言ってくれる人がいる以上、できる限り、この形で変わらないまま、続けられる限りは続けないと、とも思うとるんです。古いけど、これだけの建物と設備があるわけですしね」

熱い、グッとくる言葉だ。

大切に使い続けるモノたちが象徴すること

さて、サウナシャンではショートの「60分コース」と「普通コース」の2パターンのコースが設定されている（※「オールナイトコース」は現在休止中）。

いわゆる時間制での区別になるので、入退館時にはフロントでチェックしてもらうのだが、その入退館の時刻の記録・管理もまた、個人的にとてもエモくてたまらない。入館時にロッカーキーとともにフロントで手渡された紙片をある装置にカシャッと通し、退館時にも再びその紙が同じ機器に通される。そこに打刻された時間を目視で確認して、精算してもらうという仕組み。

「このタイムカード式の機械も、初めて見る人もいっぱいいるかもしれませんね。昔は、多くの施設で使われてましたけど、たぶんもうウチだけですからね、こんなん使ってるの（笑）」

ほかにもそうした心躍るアイテムが、ここにはいくつもある……。たとえば、食堂で飲み物や食事を注文すると、その伝票をスタッフがカウンターに置かれたある装置にかざす。すると一瞬、ピカッと発光するのだが、あの装置は？

「あれもアナログですね。我々は〝ファックス〟って呼んでるんですけど、今、この装置で読み取った文字が、フロントに置いてある機器に伝送されるんです」

えっ？　と思い、急いでフロントに向かうと……たしかに、先ほどの伝票のコピーのような紙片が、ある機械からプリントされてくる。やはり退館時に、ここでまとめて精算するのだ。

「このご時世、いまだにパソコンなどを使わず、こういうアナログなものを大事に使い続けてるんです。帳簿も手書きなんですわ」

館内の内装や、さまざまなファニチャーもそうだが、こうした什器、もっといえば表のネオンや看板に至るまで、昭和のものが今だに現役で、当時の機能を失わないまま使われていることにも、なんとも感動を覚えてしまう。施設全体の丁寧さ、実直さ、やさしさが象徴されているようにあらためて感じてしまうのだ。

まさに「世界遺産」ならぬ、「サ界遺産」のような場所なんですよね。サウナ好きにとって、特別なサウナの一つなんですよ――そう、思わず口走っていた。

「そんないいものですかね？（笑）。でも、ここ1〜2年で、若い世代の新しいお客さんが増えていて。サウナに入るだけじゃなく、館内のあちこちを見ては楽しそうにされてる方も多いんですよね。それも私らにしてみれば励みになるし、嬉しいなって思ってるんですよ。昭和も、アナログも悪くはないやろって」

また眼鏡の奥で、森さんの目がやさしく微笑んでいる。この表情を、やさしいまなざしを、これからもずっと、ここに見に来たいものだ。

第2章

念ずれば、通ず。
〜毎日の「凄み」〜

人を笑顔にする——言うまでもないが、それは決して簡単なことではない。入念な準備と、心からのもてなしを数十年にわたって日々変わらず提供し続けることの凄さ。心が動くのは、あたりまえだろう。

5

とびきり熱くてあたたかい〝我が家〟の、胸アツな物語

ナニワサウナ（愛媛県・今治市）

熱さに惚れて……!? 「常連客」から「オーナー」へ!!

ＪＲ今治駅から、歩いて5分もかからないだろう。駅前から続く道を右折するとまもなく、その建物は見えてくる。周囲の家に比べればやや大きいが、ビルというほどではない。程よく立派で、程よくこじんまりとした——静かに佇む3階建ての建造物。屋上のペントハウスと壁に取り付けられた「ナニワサウナ」という看板に、微かに夕陽の赤い光がさしかかっている。

個人的には、このくらいの時間帯に訪れるのが好きだ。ドア横の「営業中」の文字が電灯の光にくっきりと浮かび上がって見え、「さぁ、入って」「おかえり!」、あるいは「今日もおつかれさま」と、迎えてくれているような気がするからだ。

そのドアを通り抜け、やや急勾配な内階段を上って、2階の店舗へ向かう。店の扉を開くと、左手にあるカウンターの中から「いらっしゃい」と、やわらかい声が聞こえる。「こんばんわ」と、返答しながら、足触りの良いじゅうたんの上を一歩、二歩。カウンターの向こうに、先ほどの声の主……女将の藤田佐都子さんのやわらかな笑顔が見える。

「ナニワサウナ」は、昭和54年（1979）にオープン。現在も〝今治で一番熱い〟といわれるサウナ室や、まろやかで水質のよい地下水を用いた大きな水風呂などで評判となり、創業直後から多くの常連客を集めたそう。佐都子さんの夫で建設関係の仕事をしていた藤田行夫さんもそんな一人。家の風呂に入るのは週1〜2回程度で、残りは、ほぼ毎日のようにここに通っていたそう。

だが、当時のオーナーが体調を崩したことをきっかけに、廃業話が持ち上がる。近隣に同規模の新しいサウナ施設が出来たことも、その理由の一つだった。買い取りを申し出た行夫さんが経営を引き継いだのは昭和58年（1983）のこと。

「銀行もかなり融資してくれるというし、そんなにやりたいなら、まぁいいかなって思っていましたけど……。不安がなかったわけではないんよね。近くにライバルもあるなら……サウナの人口は限られてるやろうし、ほんまに大丈夫なんかな、って。でも主人に『いや、大丈夫だ。やるんだ!』と押し切られました(笑)。このお店のことが本当に好きやったんやと思います。それで、サウナのことは、ほとんど何も知りませんでしたが、私も手伝うことになったんです」

そう振り返る佐都子さん。当時、喫茶店を経営しており、「なんとか時間をやりくり」して夫を支えることに。夫婦2人のサウナ経営は、こうしてスタートした。

はじめは恥ずかしくて……目を伏せていたんよ(笑)

手先の器用さを生かし、サウナ・浴室の設備やマッサージ機の修理、館内の簡単な修繕や改装などはすべて自分でこなした行夫さん。「でも、自分も好きだったこの店の雰囲気は変えないようにしていたと思います」と佐都子さん。

〝今治で一番熱いサウナ室〟も特長や基本の設計はけっして変えなかったけれ

ど「さまざまなディテールにこだわっていった」そう。背中を背後の壁にもたれさせても「アチッ」とならないよう、タオルを掛ける工夫なども行夫さんが施した。

本気で取り組む夫を支え、佐都子さんもカウンターに立つように。入口をくぐってくる客を迎え、オーダーに応じて料理を作る日々が始まる。ただ、早速、大きな壁が。今では考えられない(!?)ほど、初心なかわいいエピソードがある。

「最初の頃は、やっぱり慣れなくてね。喫茶店での接客は出来たけど、こっち(ナニワサウナ)は、当たり前やけど、お客さんが男の人ばかりでしょ? 更衣ロッカーもすぐ目の前だし、一人でカウンターにいるときは、ほとんど顔も上げられずに、文庫本を読んだりしていたの。恥ずかしかったんよね(笑)。

そしたら、ある日、一人のお客さんが『よかったら、これも読みなさい』って、カウンターに文庫本を10冊、置いてくださったんよ。その心遣いがまず嬉しくて、少し顔を上げられるようになって。おまけに置いてくれたその本が全部、内容も楽しい本ばかりで。今まで知らなかった知識を得るのも新鮮やったし、気持ちが軽くなったんです。新しい1冊を手に取るごとに、どんどん力をもらえたというか、本に目を落とさず自然に顔を上げている時間が長くなっていって……。全部読み終える頃には、もう恥ずかしさなんて、すっかりなくなっていたんです」

その人は来店するたびに、いろいろとやさしく声もかけてくれたそう。本来の朗らかな笑顔を取り戻した佐都子さんは、他のお客さんたちとも、構えずにコミュニケーションができるように。すると、お客さんの笑顔が増えていき、佐都子さんも、さらにサウナの仕事を楽しく感じられるように――。

「まぁ……うつむかないでいられるように、いつかはなっていたと思うんです。慣れていくうちに。でも、もっともっと時間がかかったと思うんよね。だから、あの文庫本できっかけをいただいたのは、本当にありがたかったなぁって。その人だけじゃなく、お客さんに恵まれたというのは、すごく思いますね」

当時から現在に至るまで、佐都子さんが心がけているのは「〝我が家〟感覚」。気負わず何気ない会話ができて、明るい気持ちになれる場所。立ち寄って誰かの顔を見たら、心がほぐれる――そういう場所になれたらとずっと思っているそう。

「一人暮らしをしている方なんかだと……ずっと部屋にいて、気がついたら丸1日、誰とも話さなかった、なんてこともあると思うんです。そういう人にとってみたら『あそこへ行けば、誰かとしゃべれる』『あそこへ行けば、顔見知りがいる』と思える場所って、必要だと思うんです。遠慮も気負いも無用で過ごせる場所、自分が〝居場所〟と感じられる場所、この大家族の一員になれているって感じられる場所……そういう存在になれていたらいいな、と思いながらやってきたかな。私自身もこれまでずっと、お客さんから家族みたいに助けられていますから」

大家族のお花見

当時のナニワサウナは年中無休で、営業時間は朝10時から夜の10時まで。でも、その通りに店を閉められない日も多かった。

「仕事を終えてから来てくださるという方も多いじゃないですか。残業を終えてから来られた方や、『夜、飲みに行った帰りで遅くなってしまった』なんて方を、『もう閉めます』と言って帰すことはできないから。結局、なんだかんだ言って、

12時くらいまで開けているなんていう日が、しょっちゅうありました」

サウナ室や水風呂といった設備＝ハード面の魅力だけでなく、そうした夫妻のやさしさやあたたかさなどは、やはり人を惹きつけたのだろう。ナニワサウナの利用客はさらに増えていった。

その繁盛ぶりを見て「買い取らせてほしい」との申し出も届くようになったそう。また、近場に新たなサウナ専門施設が出来たりも……。

「もちろん、そんな買い上げの話なんかは、主人が『みんなの居場所やから』ってピシャっと断りましたし、新しくサウナ専門施設が出来ても、一時的にお客さんは少し減るんだけど、ありがたいことにいつの間にか帰ってきてくれるんです。だから、あまり神経質にはなりませんでした。

ただ、その後、大きな健康ランドがいくつか続けて出来たんですね。そのときはちょっとピンチかな、と思いました。うちは男性しか入れないけど、あっちは一家揃ってみんなで行けるっていうのもあったんでしょうね。ご家族のいる方で、お顔を見かけなくなった人が、やっぱり結構いらっしゃいましたし」

1990年代から2000年代の初めにかけて、全国各地で大型の温浴施設が次々にオープン。その、いわゆる〃スーパー銭湯ブーム〃が、この愛媛・今治にも到来したのだ。近隣に出来始めていたサウナ専門施設は一つずつ姿を消していったし、順調だったナニワサウナにも……影響があったという。

「たしかに売り上げは少なからず減ったけど、でも、焦ったりはしなかったです。主人も『うちは成り立っていければそれでええんや』とか『よそが混もうが空こうが、うちには関係ない!!』と言ってましたしね（笑）。のん気に見えるかもしれんけど、今までどおり、自分たちのやるべきことをやっていけばいい、って。

変わらず通い続けてくれる皆さんとは、お店で毎日ワイワイやるだけじゃなく、春に、私が作ったお弁当を持ってお花見に一緒に行ったりして。主人も楽しかったんだと思います。亡くなる前に『花見は毎年やれ』って、言い遺しましたから」

たった1人で、ほぼ年中無休。でも……やれてしまった

平成18年（2006）初夏。行夫さんが帰らぬ人になる。その約10年前から体調を崩してはいたが、体が動くギリギリまで、自身でもサウナをあたため続けた。亡くなってから葬儀を終えるまでの3日間だけ佐都子さんは店を休み、夫に寄り添い続け、見送ったその翌日には、再びサウナストーブに火を入れた。

「とくに主人から言われていたわけでもないけど、でも、なぜか『お店を開けよう』って思ったんですね。何かやっていれば……体を動かしていれば気も紛れる。そういう気持ちもあったかな」

開店時間の2時間前……朝8時頃に、サウナストーブのスイッチを入れる。翌日からも佐都子さんは、一人で以前と変わらぬ毎日を過ごし始めた。

カウンターに立っていたら、常連さんがやってくる。挨拶や他愛もない世間話を交わしていると、数日後、自分でも驚くような笑顔が出てきた。そうやって1週間、そして1ヵ月が過ぎ、そのうち半年が経っていた。やがて――1年。

そのとき「次のもう1年も、頑張っていけるかな」、そう思ったという。

「前に何かで聞いたことがあるんだけど……マラソンランナーの人の言葉やった

かな？　苦しくなったら先のことを考えるんじゃなく『まず、あの電信柱まで行こう。そこまで行けたら、今度は次の電信柱まで行こう』って考えるっていう。そうやって無心に進んでいるうちに、景色が変わってくる。そうしたら希望みたいなものも見えてくるし、振り返ったら、本当にキツかったところはもう過去になっていて、あんなに遠ざかっている。それと同じやなって」

佐都子さんの目の前にも、新しい景色が少しずつ見えてきたんだそう。

「正直なところ、機械の管理や整備とか、不安がなかったわけではないですし、もうお店を閉めてしまおうかなって頭をよぎったこともあったんです。でもね、もちろん周囲の人やお客さんの助けもあったんだけど……やれてしまったな、って（笑）。そう、〝やれてしまうんやな〟って思ったんです。

このお店は、主人が大好きで、ずっと人生を賭けて続けてきたサウナですし、『やめたらいかんで』って、私を励ましながらずっと来てくれるお客さんもいる。だったら、将来はどうなるか分からないけど、続けられるところまで続けてみようかなって。いったん、そう腹をくくることができたんですね」

浴室やリクライニングルームの清掃、フロント業務、料理の調理……。近所の知人や母に少し手伝ってもらったこともあったが、基本的には一人で切り盛り。1日1日を積み重ね、気づけば、あっという間に15年以上の歳月が過ぎていた。

「もちろん、どうしても立ち行かなくなったら無理はしないつもり。ほかに人が雇えるようになったら来てもらいたいし。まだとても人を使えるほどではないから私一人なだけでね（笑）。あくまでも、できる限りのことをやっているだけ」

そんなふうに謙遜気味に語るが――、その「できる限り」の幅が、普通の人よりはるかに広そうなので、そこが心配だ。キッチンのカウンターの上に貼られたメニューの数も……一人で対応するにはあまりにも多過ぎる。

「あぁ、これはたしかにちょっと多いけど、『あれが食べたい』『アレは作れる?』って聞かれて対応していたら、ちょっとずつ増えてしまっただけで。ぜんぜん無理せず作れるものしか貼っていないから大丈夫。今治の名物ゆうか、B級グルメの『焼豚玉子飯』なんかも対応はできるんだけど、たまに材料が手に入らんときもあるんよ。そういうものは、あえて貼ってないから。もし食べたい人がいて、聞かれたら、出せるときだけ出す。裏メニュー扱いなんよね」

いやいや（笑）。やっぱり、「できる限り」が広い。やさし過ぎる。

「そう？（笑） でも、本当に無理はしないようにと思って、去年（2022年）の秋から、週に1日、平日の木曜を定休日にすることにしたんです。これまではぼずっと年中無休で頑張ってきたけど、私自身も体を壊してしまったら、かえって迷惑をかけてしまうので少しペースを抑えてもいいかなって。ただ、最近、土日や休日を使って遠くからわざわざ来てくださる方もいるので、木曜が休日のときだけは営業してるんやけどね。知らずに長い時間をかけて来られた方がお店の前まで来て、『あ〜、閉まってる』なんてショックを受けることのないように」

思わぬご褒美。胸がいっぱいに

令和5年（2023）は、行夫さんと佐都子さんがナニワサウナを受け継いでからちょうど40周年目にあたる（創業から数えれば44周年目）。
ここ数年、佐都子さんにとって「続けてきて良かった」と思わせてくれる出来事が相次いでいるという。

「遠くから訪ねてくれる人が増えたこともそうですし、いくつもの雑誌やテレビ番組で取り上げてくださったり。そんなことは想像もしていなかったので、嬉しい半面、ちょっと照れくさい思いもしています。たしかに一人きりではあったけど、年中無休で営業するのは、私にとっては、なんていうか、呼吸をするのと同じくらい、当たり前の感覚でやってきたことなんですね。だから、褒めてもらうゆうか、すごいことだって言ってもらえたことに、ちょっと驚きもありました。でも『ああ、続けてきて良かったな』って、ご褒美をもらった気分になりました」

テレビで紹介された数日後には、さらなる驚きの出来事も。
「『サウナを愛でたい』（ＢＳ朝日）という番組に取材していただいたんですけど、その放送を見たという女性からお手紙をもらったんです。そこには丁寧な文字で

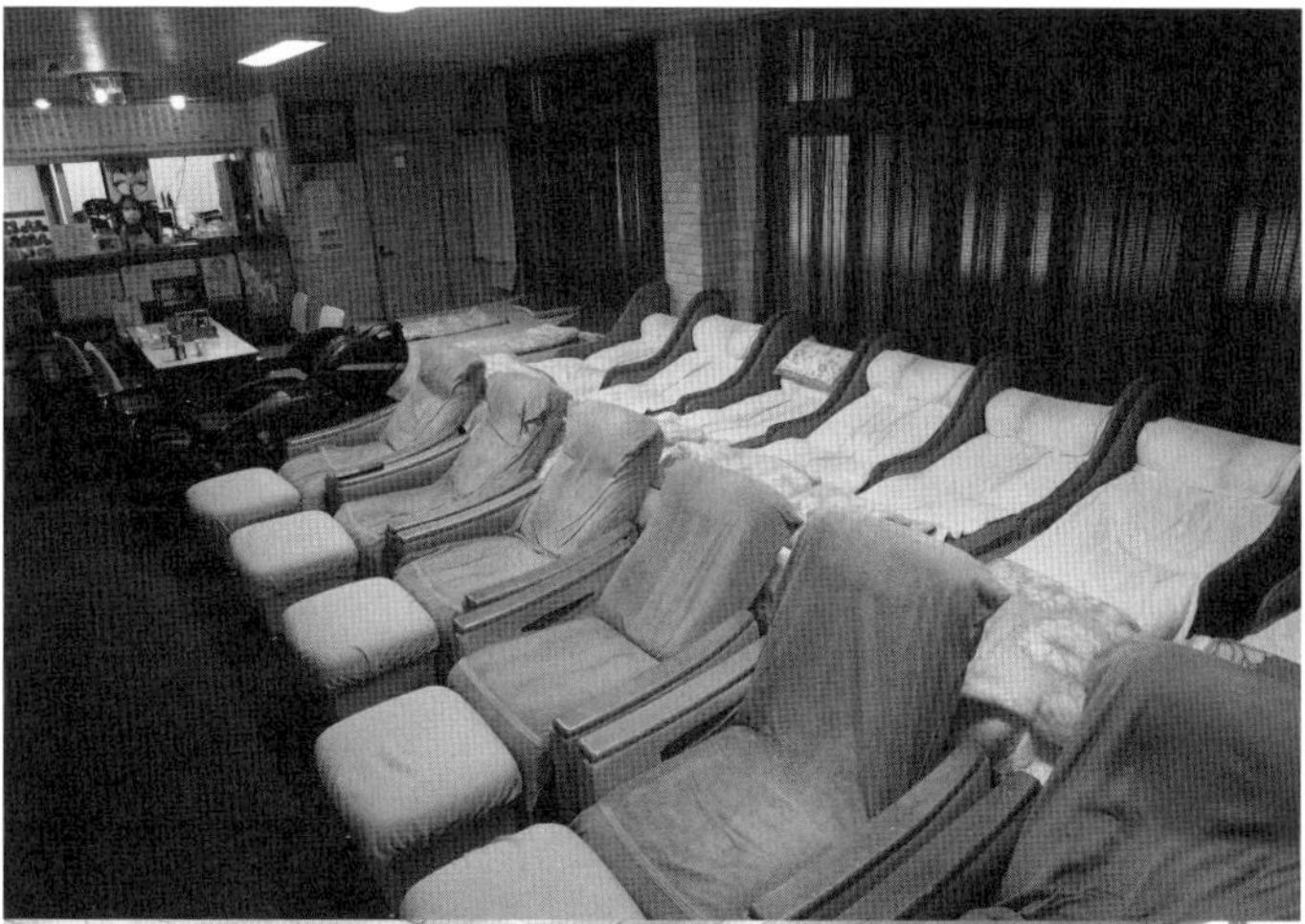

番組のご感想が綴られていました。私を見て『感動して、勇気が出た』なんて書いてくださっていて、私、それを読んで本当に驚いたし、胸がいっぱいになってしまって。思わず何度も読み返してしまいました。誰かの励みになることができるなんて、って。なんて書いたらいいか、ちょっと悩んでしまったので少し遅くなってしまったけど、返事を送ったら、それにもまた、お返事をいただいて。ペンフレンドゆうか、文通みたいにやりとりをさせてもらっています」

この新しい「出会い」も、本当に嬉しかった、と語る佐都子さん。

「好きな言葉の一つで、これまで自分に言い聞かせて心を奮い立たせてきた言葉でもあるんですけど……『天は自ら助くる者を助く』って、本当なんやなって、最近つくづく思うんです。もちろん、家族だったり周囲のいろいろな人、お客さんたちに支えられながらでしたけど、目の前のことを、ただ一生懸命にやってきたから今がある。やっぱり、頑張ってきて良かったなって」

そこまで話したときに、扉が開いて、野太く元気な声が聞こえてきた。

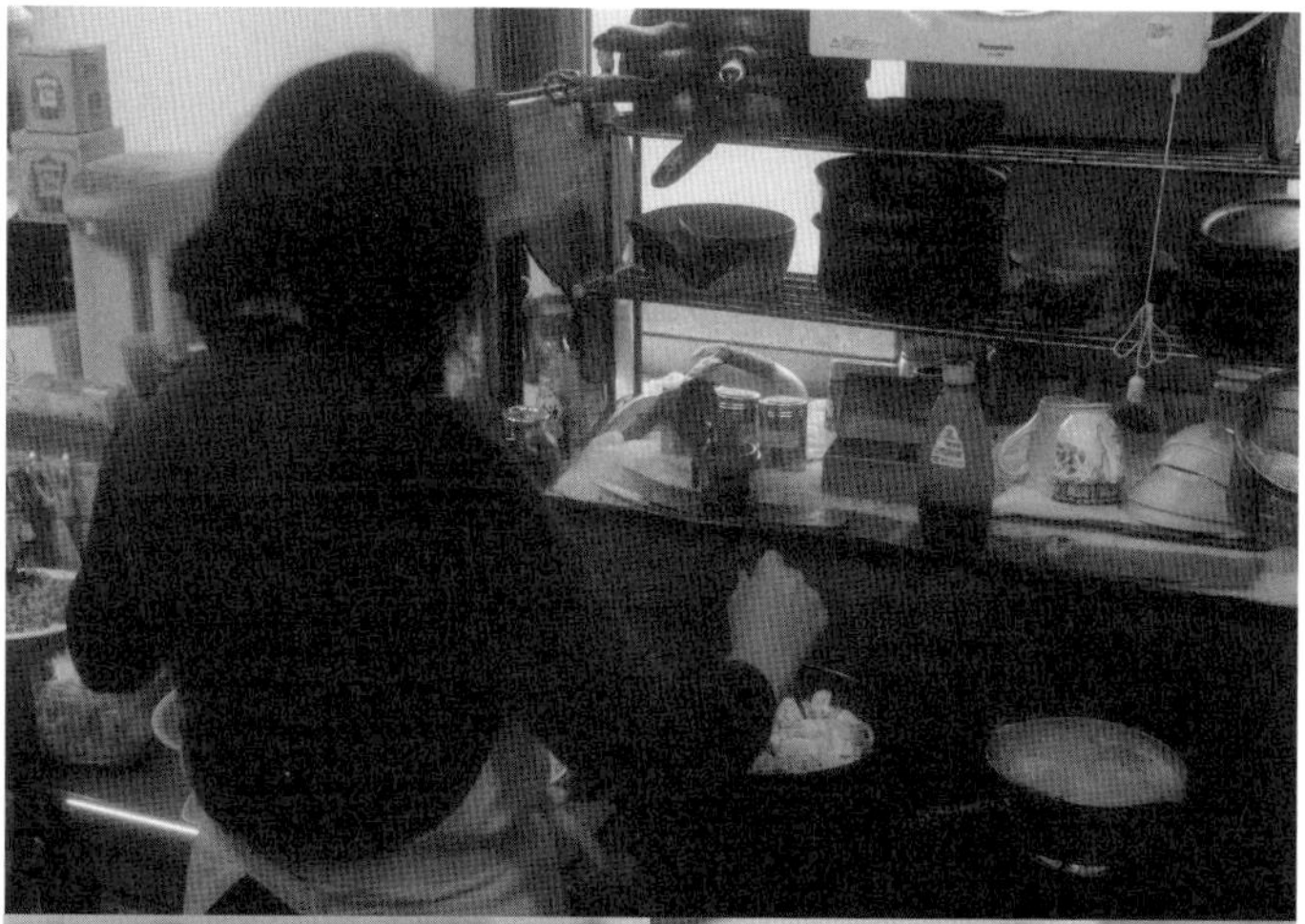

「毎度ぉ!!」

「こんばんわ、佐都子さん!」

今日も男たちが、次々に顔を見せにくる。

とびきり熱くてあったか～い〝我が家〟に帰ってくる。

「は～い、いらっしゃい!」

「今日は少し早いんじゃない?」

佐都子さんの、やわらかい声が弾む。

これからも、1日1日。佐都子さんは、ときに母親のように。ときに奥さんのように。ときに姉や妹のように。やさしい目で〝家族〟を見守り続ける。

6

大山サウナ

無骨でシンプル。だからこそストレートに伝わるもの

（沖縄県・宜野湾市）

沖縄最古級の本格施設を受け継いで40余年

那覇市中心部から北東におよそ10キロほど。沖縄本島を縦断する、この島のメインストリート＝国道58号線に乗って30分ほど車を走らせると、ゆるやかな坂の途中にその無骨な建物が見えてくる。

目印は国道に面した塀に浮かび上がる「大山サウナ」の文字。近づいてよく見てみると、その文字はペイントされているのではなく、壁が深く彫られ、その窪んだ部分に黒と赤のペンキが塗り込まれているのがわかる。

この太く力強い書体で刻まれた文字がなければ、初訪問の人はここがお目当ての場所と理解するのに時間がかかってしまうかもしれない。そのくらい、実にひっ

そりと静かに佇んでいるからだ。

「よく言われます。『時が止まったみたいです』とかね（笑）。本当に昔のままのシンプルな建物、シンプルな外観だからね」

そう笑いながら話してくれたのは、オーナーの新垣優さん。

店名は沖縄きっての名水の里といわれる、ここ宜野湾市大山地区の名を冠したものだが、昭和51年（1976）のオープン時には別の名称だったそう。

「本格的なサウナとしては、沖縄でも最も古いほうだね。少なくともこの近くではウチが最初だよ。もともとこの土地と建物が僕の親父のもので、親父のところに2人の男性が『サウナを造りたい』と訪ねてきたのが始まり。2階にはその少し前までステーキハウスが入っていて、この丘のすぐ向こう側にある普天間飛行場とか周辺の米軍施設の外国人や関係者がよく食べに来ていたんだけど、その頃ちょうど空き物件になっていて。その人たちは東京でサウナを知って勉強したらしく、それをここでやりたいと言ってきた。最初は『沖縄ニューヘルスセンター』っていうハイカラな名前だったね」

さかのぼること4年。昭和47年（1972）に沖縄の施政権がアメリカから日本に返還。その後、本土との往来が徐々に活発になってきていた中で、サウナも〝伝来〟したというわけだ。

「2人はそれぞれ石垣（島）出身の人と、北谷町で建設業をやっている人でね。彼らが『サウナっていうのは素晴らしいから、きっと沖縄でも事業として成功する』と言ってきたんだね。それで場所を貸すことにして、サウナ施設に改装。でも何年か経って、石垣の人のほうに、島に戻らなきゃいけない事情ができちゃったんだよ」

再び新垣さんのお父さんに、今度は「買い取ってくれないか」と相談しに来たそう。「共同経営だからサウナの運営もそれぞれ本業がある中でやれていたけど、1人になってしまったら回らなくなってしまう」と。

「はじめ、親父は断ったんだよ。『素人に出来るわけがない。無理だ』って。でも、かなり粘られて引き受けることになった。まぁ、しっかりした設備だったし、最初の提示額よりかなり安くなったみたいで（笑）。たぶん向こうは、投資したお金を少しでも回収したかったんだろうね。親父も自分で1ヵ月くらいサウナに入ったり、お店の様子を観察したうえで『少し勉強して、やってみよう』と決断した。もうその店にも実際に常連のお客さんが付き始めていたので、『壊してしまったら、この人たちはどうなるんだ』とも思ったみたいでね」

昭和54年（1979）、ここにあらためて「大山サウナ」が誕生した。

必要なものしかない、シンプルで味わい深き空間

〝昔のままの〟と新垣さんが形容するその空間を、少し駆け足ながら紹介しよう。実際に、この創業時から40年以上、ほぼその姿を変えていないんだろうなということを、まず入口と階段で実感する。かなりエモい書体の「サウナ」の文字をくぐり抜け、階段を上って2階の店舗へと向かうのだが、この石段の角が見事に丸

い。はたして、どれほどの靴底、踵がここに触れるとこの形状になるのだろう。

フロントから一歩、店舗内へ足を踏み入れると、青いカーペットが敷かれたスペースが広がる。東シナ海が見える広めの窓からは陽光が差し込み、年季を感じるソファで男たちが数人くつろいでいる。驚くことに、南国・沖縄なのにエアコンが動いていない。その代わり、海からの風が窓から心地よく吹き込んでくる。

浴室にはカランやシャワーと2つの浴槽。大きい方が水風呂で、一回り小さな方がお湯。水風呂に手を浸してみると十分に冷たく、そして肌あたりがとてもやわらかい。水面ではやはり陽光がキラキラと躍っている。

右手奥にある、やはり年季の入った扉を開くと、そこがサウナ室。背中が触れる壁面やベンチの板は張り替えたばかりなのか少し新しいが、天井の板やストーブ周りのレンガは……長い間、熱を受けてきたことを感じる凄い色みをしている。

裸電球の下、座面に腰を下ろすと重厚な熱が体を包み込んでくる。温度計を見

ると90～100℃の間を指しており、湿度はそれほど感じないが、カラカラ過ぎるわけでもない。ほどなく汗が噴き出してくる。頭の中に先ほどの気持ちよさそうな水風呂、そして休憩スペースで海風に吹かれている自分を思い浮かべる。

実にいい。華美なものや余計な設備は一切ないけれど、必要なものすべてと味わいがここにはあると感じる。

「創業した人たちは『事業として成功する』と言っていたけど、ウチは買い取ったあと、拡大していこうとかは特に思っていなかったからね。だから大きな改装などはせずに、スタッフも親父とおふくろの2人でスタートしたんです。昔はマッサージもやっていたし、レストランというかご飯も出していたけど、基本的には、マッサージのスタッフ以外は両親2人だけだからね。フロントで受付をしながら、親父が風呂場や設備をみて、おふくろが奥の空き部屋の台所（※現在はそこも休憩室になっている）で食事を作っていて。メニューはそんなにたくさんはなかったし、そんなに複雑じゃないごく普通の沖縄の家庭料理を出していた程度。でも、美味しかったのかな……よく注文されていたよね」

コストを見直し、掘り当ててつくりだした最高の宝物

そんな中、大山サウナになって以降、大きなアップデートを一つだけ実行したそう。それが「水風呂」だった。

「創業した2人もそうだったんだけど、買い取った親父も最初の1〜2年間は水道水を使っていたんだよ。まだ何も知らなかったからね。でも、やっていくうちにコスト的な問題に気付いた。（普天間）飛行場の下あたりはほとんど石灰岩だから、雨水が染み込んで湧き水もいっぱい出るんだけど……要するにこの辺りにはすごい大きな水脈があることがわかっていたので、井戸を掘ってみようと。そうしたら、やっぱり出た。それもキレイないい水を当てたんだね。ただ、石灰岩を通るから、やっぱりかなり硬度の高い水なんだよ。そのままだと機械なんかもやられちゃうし、肌ざわりもかなり硬いんで、それを軟水にする設備を導入することにした。それで、今のようなまろやかな水風呂が提供できるようにしたんだ」

沖縄でも数少ない本格サウナ施設に、さらに良質の水という武器が加わったこ

ともあってか、以降、利用客がさらに増えたそう。無欲ながら、まさに「事業として成功」してしまったのだ。その結果、利用客を両親だけではさばき切れなくなり、新垣さんも店の運営に加わることになる。

「親父は設備、おふくろが調理。合間にそれぞれもちろん受付や雑事もするんだけど、お客はみんな車で来るからね。ウチの駐車場は狭いからカギを預かって移動させたり整理しなくてはならないんだけど、それもやっていくとなると、2人ではやっぱり全然回らんと。人手が足らんくなって手伝うことになったんだね。その頃、僕はガソリンスタンドを人と一緒にやっとったんだけど、それを完全に人に譲って、3人でサウナをやるようになったわけ」

'80年代に巻き起こった沖縄サウナブーム。その結末は

順調に利用客が増えていく大山サウナだったが、店を引き取ってから7〜8年が過ぎた頃に、周囲にちょっとした〝異変〟が。次々に新たなサウナ施設がオープンし始めたそう。いわゆるバブル経済の影響なのか。それとも大山サウナの成

功を見ての参入だったのか。

「本当に沖縄にもサウナのブームが来たんやろうか、というくらい多くのサウナが出来たね。58号線沿いだけで7~8軒。沖縄市内まで含めるともう少しあったね。影響も少しあって、1日あたりの利用客がそれまでより毎日10人くらいは減ったかな。でもウチはご飯が食べられればそれでよかったんで、何も気にはせんかった。むしろ、家族経営の規模にはちょうど良くなったかもしれん、って（笑）」

ただ、そうした新規施設は、気づいたときにはもう姿を消していたという。

「あれだけブームのように次々に出来たサウナが、少しずつ減っていってね。2~3年で閉まったところもあれば、長く営業したところも10年くらいだったと思う。完全に廃業したり、サウナではない別の業態のお店になっていたり。たぶん採算的に難しいというのもあったんじゃないかな。家賃や水道代がかさんで運営できなくなったり、人が雇えなくなったり。ウチがやめずにいられたのは、そうした固定経費が少ないからというのも大きかったんだと思うけどね」

たしかに大山サウナは、いま新垣さんが挙げたような点については恵まれていたかもしれない。でも、けっしてそれだけではないと思う。店に入ったとき、くつろいでいるときの、なんともいえない居心地の良さ……好きな人にとっては本当にたまらない、不思議な〝吸引力〟が満ちあふれているのだ。

「そうかな（笑）。でも、そんな風に〝くつろげる〟とか〝安らぐ〟なんて言ってもらえると嬉しいね。お風呂場もサウナ室も、今いるこの休憩してもらうスペースも……古いのはどうしようもないけど、だからこそ気分よくリラックスしてもらえるようにと心がけてきたから。掃除や整頓とかもね。まぁ、僕自身もここのお風呂やサウナに入るから汚かったら困るしさ（笑）。実は少し前に足を手術したこともあって、２０２１年頃からもう店は他の人に任せてるんだけど、今でも毎日、掃除はやってる。サウナ室も毎日、ベンチも床も手拭きで磨いているからね」

新垣さんの言葉を聞いて、陳腐で恥ずかしいが、やはり「愛情」なんだよな、と思う。利用客が気分よく過ごすために……その思いが、年季からくる絶妙な味わい深さとも相まって、この絶妙な雰囲気、空気感を生み出しているのだろう。「大らかさ」と言ったら少し表現が違うかもしれないが、自分で冷蔵庫から取り出した飲み物の代金を、帰るときに「自己申告」で支払うのも……なんだかいい。

コワモテ客にもビビり客にも、変わらぬ対応

「大らか、か。それはお客さんに恵まれているということかもしれないね。親父が引退して他界して、おふくろも体調を崩して、亡くなった……その後は僕一人でずっと店をやってきたんだけど、しょっちゅう、お客さんあてにメモを書き置きして店を外していたからね。『ご飯に行ってます。〇分くらいで戻るので入浴していてください。料金はお帰りのときのご精算で』とか、『お風呂に入っていますので、中で声をかけてください』みたく（笑）。そうせざるを得なかったからだけど、お客さんも皆さん、普通に協力してくれたから」

そう。そういうことかもしれない。利用客と店の関係性、雰囲気みたいなものもまた、とてもやわらかい。とてもやさしく通じ合っている気がする。

「みんなが気持ち良くなりに来るところだからね。昔から本当にいろんなお客さん……お医者さんもいれば、弁護士とか、県庁の偉い人も、普通の人も普通じゃない仕事の人も（笑）。どんなお客さんでもみんなウェルカムで入ってもらっているから、たとえばタトゥーが入っていてもOK。その代わり、お互い気持ち良く過ごしてほしいから、どんなお客さんであっても言うべきことは、しっかり伝えてコミュニケーションしてきた。『周りの人を驚かせたり、ドキドキさせないで』ってね（笑）。ウチに入ってみたい、って、東京や福岡から来たなんていう方もたまにいるけど、実際に来てみてビックリしたり緊張しちゃうって人もいる。でも、ただ一言『どこから来たの』と話しかけると安心した顔になるんだよ（笑）。相手に合わせながらのコミュニケーションはずっと大事にしてきましたよね」

最大のピンチを乗りきらせてくれたもの

「あとはやっぱり、とにかく店を……ほとんどいつも開けておくこと。それが大変だったかもしれないね」

ほかに心がけてこられたこと、苦労されたことはなんですか？　と尋ねると、すぐにそう答えてくれた。大山サウナは定休日が月に1日（毎月第4月曜）あるとはいえ、機械のメンテナンスなどに充てざるを得ないことも多く、お正月以外は、実質的にほぼ年中無休でこれまでやってきたそう。

「『休みたい』と言うと、逆に『休まれると困る』ってお客さんに言われてしまうんだよ（笑）。まぁ、僕自身、本当に休んだらお客さんが困るというのは内心で思っていたから、その分、毎日の閉店時間を早めさせてくださいってお願いをさせてもらったりしたよね。長いこと大きな病気はしなかったけど、さすがに体がもたないから。午前9時から午後11時まで営業していた時代もあって（現在は午前10時〜午後9時）、そのときは、午後9時の閉店にさせてほしいってお願いしました。常連さんはそんなに夜遅くではなく昼間とか夕方に来る人が多いから、いいでしょ？って。それでも皆さん、なかなか納得してくれなかったけど（笑）」

「大変だったな」と言いながらも、その声と表情はどこか弾んでいるように感じる。「やっぱり、新垣さん自身も、このサウナが大好きだったんですね」と伝えると、表情を一瞬引き締めながら言葉を続けた。

「そうだね。でも、実は過去にお店を休むというか、閉めようと思ったこともありましたね。親父とおふくろがいなくなり、自分一人になったときもそうだった。精神的に落ち込んでしまって、あのときはかなり本気で『やめたい』ってね。それでも続けたのは……やっぱりお客さんが来てくれるからかな。こんなに気持ちいい顔や笑顔になってもらえるなんて、いい仕事じゃないかって、あるとき思ったんだよ。頑張れるうちは頑張ってみよう、と元気を取り戻させてもらったね」

喜んでくれる人がいるなら、可能な限り続けていきたい。そう心から奮い立ったんだそう。

「それとね、さっき『足を悪くして手術した』と言ったけど、実はそのときにも、もうこれまでのようには行かないのでお店を閉める覚悟をしたんだよ。ただ、古いけれどまだまだ設備は十分に使えるし、経費がかさんでピンチになっているわけでもない。まだ通ってくれる人がいるのに、閉めざるを得ないというのはちょっと寂しいなというのは感じていて。そうしたら、ウチの店を近くで見てきて、ファンだと言ってくれる人から『運営をやってもいい』という申し出があって」

ひょっとしたら扉を閉じていたかもしれない大山サウナ。でも、両親や創業者たちからも受け継いできた新垣さんの思いが、利用客の思いと通じ合ったともいえるだろう。その歴史はこれからも刻まれていくことになった。

「もちろん、将来的にどうなってしまうかは分からないけど、いまはここにまだ来られるって喜んでくれてる人がいるからね。ホッとしているし、嬉しいです。最近のサウナ施設とは比べものにならんくらいに建物も設備も古いけど、気持ち良さは負けないし、水風呂はウチのが一番好きだと僕自身も思っているから……。できれば、ずっと続いてほしいし、続けたいですよね」

やっぱり愛情だ。この空間にはさまざまな人の……この場所を愛する思いが込められ、受け継がれている。無骨でシンプルだからこそ、こんなにもストレートに伝わってくるのかもしれない。

7

尊い――。思わずそんな言葉が頭をよぎる

大垣サウナ

（岐阜県・大垣市）

身も心も、包まれる幸せ

サウナ室の扉を開けた瞬間、１１０℃を超える最高な熱さに全身を包みこまれ、ベンチに腰を下ろせば、柔らかいワッフル地のマットにお尻をやさしく包まれる。お次は水風呂へ。心ゆくまで火照らせた体が、汲み上げられたばかりの清冽でやわらかな水に包まれていき、そんなサウナ浴をたっぷり愉しんだあとは、どこを見ても清潔に整えられた館内のお気に入りの空間に移動し、安らぎに包まれる。

こじつけた考え方と思われるかもしれないが――私たちは、サウナに行くと実にさまざまなものに包まれる。いや、言い方が逆かな。私たちは、さまざまなものに包まれに、サウナに行く。

包まれたそのときに、心地よさを感じるから。そして、元気をもらえるから。心身に感じていた疲労がいつのまにかクリアになっている。気持ちは限りなく穏やかなのに、どこか心躍る感覚になっている自分がとてもハッピーだ。

もちろんサウナ室や水風呂の温度設定などは、人によって好みが分かれるところだ。だが、丹念に丹念を重ね、限りなく多くの人が満足できるポイントを見つけてバランスを調整することはできるし、素晴らしい施設は必ずそれを行ってくれている。細かく引き算をしたり、足し算をしたり。

さて、冒頭の5行で記したのは、大垣サウナでの私の姿を俯瞰してみたものだ。お分かりいただけると思うが、どの行程でも、ずっと心地よさ、多幸感を味わっている。要は大好きなサウナ施設なのだ。

もし、好みが私と違う方でも、サウナ好きなら一度は体験してもらえたらとも思う。「丹念」の重ね方が素晴らしいので、ぜひ、包まれてみてほしいのだ。

二人三脚のはじまり

「ここ数年は、わざわざ新幹線や飛行機に乗ってまで来てくださる方が本当に増えて。ありがたいことやなぁ、って思います。でもね、最初はびっくりしたんです。『北海道から来ました』とか『福岡からです』なんていう方がいらっしゃったときは。こんな古い建物でしょ？　入ってみてがっかりしちゃっていたらどうしよう……って、心配になりました（笑）」

社長の岡田昌子さん。昭和41年（1966）にこの大垣サウナを創業した、故正国さんと翌昭和42年に結婚。以降、二人三脚で利用客をあたため続けてきた。

「それまでどこにもお勤めをしたことがなかったし、世間知らずやったから、もちろんサウナがどんなものかっていうのもお嫁にくるまで全然知らんかったの。でも、不安とかはなかったよね。むしろ……面白そうやなぁ、って（笑）」

チャーミングな微笑みに、思わずこちらの口元もほころんでしまう。スタッフや常連客から〝ママ〟と呼ばれて慕われるこの昌子さんの人柄も、大垣サウナのストロングポイントだ。

〝世間知らず〟なんて謙遜されるが、ご実家は名古屋の公衆浴場だそう。そもそも温浴にまつわる仕事や、サービス・ホスピタリティの〝肝〟の部分を（無自覚であったとしても）備えていらしたのではないかと思う。

そんな昌子さんに、創業当時のエピソードや、正国さんとの日々をうかがうと、大垣サウナの心地よさの理由があらためて見えてくる気がする。

目の前の１人１人を大切に

「はじめは小さな木造の平屋建てでね。そこにサウナと水風呂と、私たちの住む部屋があったの。小さいから熱いお湯の浴槽は作れんで、それはシャワーだけでした。主人……正国は、名古屋の産業会館で行われていた企業展示会みたいなイベントでサウナの存在を知ったそうです。見てすぐに『これだ』と思ったって言っていました。『日本人はお風呂好きやし、きっとサウナも喜んでくれるはず』って。

正国はそういう人だったんですね。いつもお客さんが喜ぶことを考えていて。だから、毎日朝から晩までぜんぜんじっとしている時間がないの（笑）。休むことなく何かをしていた。することがなくても、ずっとあちこち片付けてましたね」

岐阜県では初めてのサウナ。そもそも、全国的にもまだ数えるほどしかなかった時代。創業時は利用客もけっして多くはなかったそう。

「結婚したときに、預金残高がマイナスになってる銀行の通帳を渡されていたから、ちょっとはドキドキしたけど……でも、私も焦りみたいなのは全然なかったですよ。もともと楽天家だから（笑）。『なんとかなるわ』って」

正国さんも、宣伝などに手を割くのではなく、『実際にお店に来てくれた、目の前の1人1人を大切にしたい』と、そんなスタンスを貫いていたという。

「この辺りでは、サウナは名古屋の方まで行かないとなかったんで、目新しいものが気になるって方が、ぼちぼち来てくれていました。最初は少し余裕のある方、会社の社長さんとかそういう立場の方が多かったですね。皆さん、サウナの入り方を知らんから、丁寧に説明して入っていただいていました。そうすると気に入ってくれた方はまた来てくださるし、自分の知り合いを連れてきたり、口コミで勧めてくれるんです。そうやって、だんだんとお客さんが増えてきたんです」

「この人の言うことは正しいんやね」——昌子さんの正国さんへの信頼感はますます高まっていったそう。

「お客さんたち同士で仲良くなって、社長さんたちのコミュニティゆうか、サロンみたいな雰囲気もあって（笑）。大工の棟梁さんで、ウチで出来たつながりから『家を7〜8軒、やらせてもらったよ』なんて人もいらっしゃいましたね」

「うちの主人を出してください！」……奥様たちの勘違い

ほかにも「サウナ草創期」らしいエピソードが次々に飛び出す。

「奥さんが、お家から電話をかけてくることもあって。ちょっと怒った声で『うちの主人を出して！』って。その方は『サウナ風呂』って聞いて、いかがわしいところだと勘違いされたようで、『違いますよ～』ってご説明して、分かっていただけてからは、逆に『サウナにいるなら大丈夫ね』と安心してもらえる場所になりました（笑）。あと、『ごはんを食べた後に（ご主人が）出かける場所が出来て、助かってるわ』なんてお礼を言われたりね。いろいろ面白かったわよ（笑）」

理想のサウナって⁉　正国さんの果てなき追求

利用客が増えていくと、今度は店舗が手狭になる。当初の平屋建てを数年後にリニューアル。お店前の駐車場にしていたスペースに2階建ての新店舗を建てることにした。今度は1階をすべて店舗フロアにし、お湯の浴槽や飲食できるスペースを増設。２階が夫婦の住居となる。その後もさらに盛況は続き、創業から12年後の昭和53年（１９７８）には再びアップデートを敢行。もともと平屋建て店舗があった場所に造ったその3店舗めが、現在の鉄筋コンクリートのビルだ。

「正国は図面も自分で引いていたんです。『構造計算は無理でも、平面図は自分で』って。昼も夜も『何があればお客さんに喜んでもらえるか』で、頭はいっぱい。いいアイデアが浮かぶとすぐにメモを取り出して書き込み、それを夜遅くまでかかって清書しては書き直し……と、その繰り返しでした。

時には私も起こされて、意見を聞かれるんです。でもあの人、お金のかかることばっかり言うんよね（笑）。お食事コーナーも作りたいって言うけど、カウンターで軽食を出すくらいかと思っていたら、『本格的なお料理や定食を』『板前さんを入れて、生の刺身も』って。そんなサウナ、当時はどこにもありませんでした。あんまりにもいろんなものを詰め込むもんだから、しまいには『エレベーターを付ける場所がなくなってしまった』って少ししょんぼりしながら言うんです。『いいんじゃない？　2階までなら階段で大丈夫よ』って答えてあげました（笑）」

こだわりまくり、考え抜いて、ようやく工事を終えて出来上がったあとも……

「実はまだ未完成だった」そう。

「お客さんから『宴会場があったらええんやけどな』って言われ、マッサージ室だったところを壊して広いお座敷の部屋を作っちゃったんです。もう『えーっ!?』ですよ（笑）。とにかく、お客さんのためなら妥協しなかった人やったね」

そうした熱意や誠実さは伝わるもの。利用客の数は増える一方で、昌子さんも受付や接客はもちろん、整理整頓、調理……と、常に手を止めることなくさまざまな仕事をこなしていた。

「子供が生まれてからも、本当に最初の時期だけは預けていたけど、またすぐに背中におんぶして働くようになりました。そんな私を見て、お客さんが助けてくれるんです。子供をすぐ横で歩行器に座らせて仕事をしていて、ちょっと目を離したら段差でコケそうになったことがあって。すかさずスッと抱き上げてくれて。おぶってあやしてくれたり。もう、本当の家族みたいによくしてもらいましたね」

お客さんが多過ぎて、ロッカーが足りなくなる日も珍しくなかったそう。

「でも『何人かで1つのロッカーを一緒に使うから、入らせて』って言うんです。

当時は深夜2時が閉店時間。でも、混んでいる日は2時を過ぎてもぜんぜん帰らない（笑）。2階のリクライニングソファに座れないどころか、床もいっぱいで。階段やロッカーの前に横になった人が大勢いる、なんてこともありました」

2人でひとつ。正国イズムと昌子スマイル

どんなに混雑しても、どんなに混乱しても、正国さんは常に誠実に対応。むしろ、普段以上に入念に整理整頓や管理に気を配っていたそう。

「それはね、ずっと変わりません。とにかくきれい好きな人やったからね。浴室内の備品や、浴室入口に積んでいるタオルなんかに少しでも乱れたところがあったら、すぐに直していたし。従業員たちにも、その意識は徹底していました」

ロッカー上にキレイに並ぶタオルが、すべて同じ角度、方向を向いているのも利用客が使ったそばからすぐに補充されるのも、廊下のカーペットにゴミやホコリが見当たらないのも……その思いが今も受け継がれているということ。

横で私たちのやり取りを聞いていた支配人の林亨さんも教えてくれた。

「先代（＝正国さん）が、施設全体を、掃除や整理整頓だけじゃない、サウナ室の熱さなども含めて、すべてキチっと管理する。さらに充実させて、進化させる。そして、ママがお客さんにやわらかい笑顔で接する。この人柄でお迎えして、心からくつろいでもらう……そういう絶妙なコンビネーションが、たくさんのお客さんを集めて、ここをつくってきたんだと思います」（林さん）

「コンビネーションというよりは、『2人合わせて、一人前』やった、ってことなんよ（笑）」（昌子さん）

1度は離れたお客さんも……届いた思い

本書の他稿でも触れているが、支持を集めるサウナ施設の周辺に、新たな施設がオープンする事例は多い。「自分でもあの心地よさを提供したい」と考える人が多いということだろう（「儲かりそう」という考えでの開業もあるとは思うが）。

大垣サウナもその例に洩れない。同市内に次々とサウナ専門施設が出来たという。

「多いときは近くに8軒くらいあったし、うちの常連さんだった人が始めたところもあるって聞いたときは驚きました。でも、大きなスーパー銭湯がいくつか出来たこともあって、みんな閉店しちゃいました。サイドビジネスみたいにやっていたところも多かったから。うちはこれ一筋だから、やめる気はなかったけどね」

もちろん、少なからぬ影響が。来店客や売上が減った時期もあった。

「でも、ありがたいことに、新しいところに行ってしまった方も戻ってきてくれるんです。ほかにも『若い頃に親父ときてました』って、今度はご自分のお子さんを連れて来てくれる人もいらっしゃるしね。本当に皆さんに支えられています。ここ数年は『動画やネットを見て来ました』なんて言って、全国から来てくださる若い方がすごく増えて。取り上げたり、褒めてくださった万平さん（＝マグ万平）、野田さん（＝「ＴｈｅＳａｕｎａ」の野田クラクションベベー支配人）、『サウナイキタイ』さん……ほかにもたくさんの皆さんに、感謝しています」

ひたむきな思いは通じるのだ。正国さんと昌子さんが蒔き続けた種が青々と成長し、またできた種が風に乗り全国へ飛んでいく。そんなイメージが頭に浮かぶ。

夫の魂を受け継いで

正国さんは6年間の闘病生活の末、平成24年（２０１２）に逝去。昌子さんが社長となり、大垣サウナを、そして正国イズムを受け継いだ。

「正直に言うと、お店をやめてしまおう、って思ったこともあるんです。でもね、『やめたらあかんよ』って、たくさんの方が言ってくださって。それで、やれるうちはやろうかな、って思って続けていたんです。そうこうしていたら『新幹線で来た』『飛行機で来た』って方が増えて……もう今では勝手に閉められんよね（笑）。体が動くうち、健康なうちは続けようって。毎年更新されるけど、一応、目標はあるんよ。自分のモチベーションとして。今の目標は、まず創業60周年までは続けたいなって。亨ちゃん（＝林支配人）をはじめ、周りもみんな『実務は何もせんでええから』って言ってくれてるんで、甘えちゃおうかって。あ、でも『お金

サウナ室
浴室
ポケット
ロッカーの鍵
タバコ
ライター
スマホ
etc

が必要なときはお願い』とも言われとるね。う〜ん（笑）」

絶えない微笑み。茶目っ気あふれる受け答え。そして何よりやさしい心配り。この地で味わえる、このもてなしに、心をほぐされない人はきっといないと思う。もうひとつ付け加えると……すぐに相手の名前を覚えてしまうのも昌子さんの特技だ。野暮を承知で最後に聞いてみる。何でそんなことが可能なんですか？

「う〜ん、もともと何かを記憶するのは、昔から得意やったかもしれんね。常連さんの車のナンバーなんかも、昔からわりとすぐに覚えちゃったりしていたから。それと、やっぱり、人が好きなんやと思います。まぁ、この仕事は人が好きじゃないと出来ない仕事だと思うんだけどね。

でも、私にも、会ってすぐ『あ、この人、苦手なタイプかな』って感じてしまう人っておるんやけど、こっちがそう感じるときは、相手の方は、もっとそう感じてるんじゃないかなって思うんです。だから、そういう人には、ちょっと気合を入れて、好きになろう、好きになってもらおう、って。そう思いながら接してるんです。私、本当に楽観的なんですよ。周りからは、やっぱり〝天然〟やね、っ

て言われるけどね（笑）」

取材を終え、もう一度サウナを堪能させてもらった私たちをクルマに乗せ、大垣駅まで、自らハンドルを握り送ってくれた昌子さん。

「ありがたいなぁ」――同行者が駅のホームでそうポツリと呟き、私も頷く。

ストイックに、訪れる人のことを想い続けた正国さん。向き合うすべての人を笑顔にしてくれる昌子さん。2人の思いをしっかり受け継いでいるスタッフたち。本当にありがたい。尊い、というワードが感謝とともに頭をよぎる。

今日もたっぷりと、気持ち良さとあたたかさ――慈愛に包まれた。

第3章

まず、人を想う。
〜時代、世代を超えて変わらぬもの〜

昭和から平成、令和へ。時代の移ろいとともに、社会全体も変貌を遂げた。さまざまな技術の進歩。便利になった暮らし。生き方や価値観も変わる中、変わらずに人々を引き寄せ続ける理由とは——。

8

時代とともに変わるもの、決して変えずに受け継ぐもの

サウナサン

（長崎県・佐世保市）

まさにザ・昭和!? ある日突然「サウナを作れ」と命じられた初代支配人の奮戦

ＪＲ佐世保駅から歩いて10分ほど。潮の香りがやや濃くなってきたなと思う頃合いで視界に入るその大きな看板。イエローの地色の上に描かれた「サウナサン」の文字とイラストのおじさん（通称・サンちゃん）の笑顔がやさしく迎えてくれる。いつも、ふわぁ〜っと心が軽くなる瞬間だ。

「サウナサン」の創業は昭和57年（１９８２）の12月。サンちゃんのモデルでもある先代社長の足立政則さんが、初代の支配人として尽力し、オープンした。

〝尽力〟と思わず書いてしまったのには理由がある。

「創業時のオーナーさんは、このあたりで造船業や土木業、不動産など、さまざまな事業をされていた方なんですよね。ここの敷地ももとはその会社の事務所があったそうです。その方が新たなビジネスとして『サウナをやろう』と思い立ったそうなんですが、そのときなぜか父に白羽の矢が立ったらしいです。いきなり準備一切を命じられた、って聞きました。当時、親父はその会社の総務部に入ったばかりで、とくにサウナが好きだったわけでもなければ、もちろん温浴やレジャー関連の経験があったわけでもなく……とにかく驚いたそうです」

2代目として政則さんの後を継いだ足立琢哉社長が話してくれた創業時のエピソードは、かなり衝撃的。その後の政則さんの奮闘ぶりを聞くと、やはり〝尽力〟としか表現できない。

「本当にサウナのことなど何も知らなかったので、はじめは呆然としたそうです。『何を言ってるんですか?』という感じだった、と(笑)。でもオーナーさんからは『任せたけん』の一言だけで、具体的な指示は何もない。親父は、困り果てながらも懸命に考えたそうです」

豪快というか、ちょっと乱暴というか。でも昭和というのは、そういったダイナミックなことが、まま起こった時代でもある。もちろん、政則さんにとってはたまったものではなかっただろうが。ただ「この男ならやれるはず」と見込まれなければ、そうしたことにはならないだろう。

結論から言えば、オーナーの眼力は確かだった、ということになる。孤立無援の中、政則さんは絶望的な状況を打開したのだから。

全国各地のさまざまなサウナ施設に連絡をとり、サウナについて、まさにゼロから学ぶことにしたのだ。

「全国の施設を回ったそうです。まずは自分がサウナに入ってみて、ここぞと感じた施設さんがあったら、施工業者の方と一緒にサウナ室や浴室全体のつくりや広さを見せてもらう。それを元に、この店（サウナサン）のつくりを動線まで含めて細かく考えたそうです。さらに親父は、そういった施設に残って働かせてもらい、業務を教えてもらったそうです。まぁ、必死だったでしょうね（笑）。息子ながら、スゴいなって思いますよ。でも、行った先の施設の方も、皆さん快く受け入れて教えてくれたそうです。仕事の流れや接客の具体的なオペレーションから始まり、清掃の仕方やサウナ室や浴槽の管理、タオルやマット、アメニティーの業者さんの連絡先。トラブル事例や対応策まで……。それら全てを懸命に学んで、持ち帰ってきたそうです。働かせてもらったのは、ニュージャパン・スパプラザさんやウェルビーさんだったたって聞きました」

琢哉さんが次々に挙げる、政則さんの〝見学先〟〝修業先〟は、いずれも名だたる名店ばかり。単身飛び込んでのゼロからのスタートは、ご本人にしてみれば「苦肉の策」だったろうし、タフな経験だったはずだ。でも、ポジティブにとらえると、サウナサンには錚々たる名施設の経験や魂――言うなれば、サービスやホスピタリティの「真髄」みたいなものが創業時から落とし込まれたということだ。

40余年前の、かなり胸にグッとくるエピソード。またさらにサウナサンのことが好きになってしまう。

「心の贅沢」を感じてもらえる場所に――受け継がれる創業時のモットー

「親父は、ことあるごとに『お客さんには、忙しい毎日の中で、ちょっとでも心の贅沢ば感じてもらいたいんだ』と言っていました。『サウナサンは、そういう場所でありたい』と。それはオープン以来、変わらないモットーみたいなものなんですよね。もう、建物やスタッフにも沁み込んでいると思います」

心の贅沢――。抽象的な言葉ではあるけれど、不思議と「スッ」と入ってくる表現だ。

「サウナサンで過ごしたあとに、『ああ、やっぱり来て良かったな』と思ってもらえるように、と。そういうことなんですよね。サウナはもちろん、ここでの休憩だったり食事も含めて、心からくつろげる〝時間〟を提供する場所でありたいと」

それを具現化するのに、ずっと大切に受け継がれていることがいくつもある。中でも、最もこだわっているのが……パーフェクトなまでの清潔さ。

「当たり前というか、基本中の基本だからこそ、『清掃』と『整理整頓』は徹底しています。設備は決して新しくはないけど、清潔さについては全国のどこの施設さんにも負けないように、って」

琢哉さんの中で、強烈に刻まれている光景、そして言葉がある。

「僕は学校を出たあと、日本郵政に入ったんです。五島列島の郵便局に配属されて、7年ほど保険の営業を担当していました。でも、親父が体調を崩してしまい、店も少し休みがちになっているという連絡が入って。ちょうどその頃、転勤で佐世保に戻ってきたこともあって、郵便局を辞めて、ここに正式に入社したんです。

親父は仕事には本当に厳しい人で、それは僕も幼い頃から知っていたんですが、一緒に働き始めたあるとき『お客様の後ろをついて回って、浴室でも、トイレでも、休憩室の灰皿でも……使われたものをすぐに片付けるくらいの気持ちで整理整頓をしろ』と言われたんです。もちろん、実際にはそこまでやることはなかなか難しいというか不可能なんですが、それほどの気概で、キレイな状態を常に保て、ということなんですよね」

創業以来、スタッフにも常々、同じことを言い続けてきたそうだ。

「たとえば浴室で、体や髪を洗ったときの泡がちょっとでも残っていたら、足を滑らせてしまったりするかもしれんし、それを目にした方には〝違和感〟みたいなものが残るだろう、と。洗面器やイスも、ちょっとズレているより、元の正しい位置に戻っていた方が使いやすくて快適。清潔なことはもちろん、そこまで徹底してやるんだと。まずは、マイナスなものを一切ないようにする……その信念に、あらためて感動したんですよね」

マイナスなもの、ストレスになるものをなくすことは、すなわち、利用客が気づかないうちに「ノンストレスを提供されている」ということだ。たしかに、その考え方は究極のホスピタリティといえるかもしれない。

さて。実際に、ロッカールームから浴室に入った瞬間に初めての人はきっと驚くはずだ。タイルも洗い場も浴槽も、隅から隅まで磨き上げられ、整然としていることに。オープンから40余年。「30年前に少し改装しただけ」とはとても思え

ないほど、どこを見ても、何に触れても、新品以上にピカピカの状態なのだから。

「実は最近、お客さんから『浴室のととのいイスや浴槽が、ここまで磨き上げられているところはないよ。本当に安心して背中をもたれさせられる』と言われて、親父のその言葉を思い出したばかりなんです。早朝の清掃作業はもちろんのこと、ひまさえあればマメに整理整頓。これは自分も含め、全従業員が徹底的にやっています。というより、もう身体に染みついてるかもしれん(笑)」

やっぱり親子。考え方も行動も父とそっくり⁉

もちろん〝心の贅沢〟のためには、マイナスをなくす「攻めの引き算」だけでなく、新たな「足し算」も常に心がけている。

「できることは、どんなに小さなことでも手を抜かずにやっていければな、と。レストランでも、常務でもある僕の姉(香奈子さん)を中心に、常に全力で取り組んでもらっています。新しいメニューの考案や工夫はもちろんですし、すべて仕込みから手作りであることにもこだわってくれていて。お客さんからの人気もあって、個人的にも大好きな一品に『山崎さんちのから揚げ』というメニューがあるんですが、あの独特の風味も2日前から仕込んでいるもの。

また、館内の改良やアップデートはハードもソフトも常に試みていこうと。サウナ室や浴室の快適さの追求だけじゃなく、ここ数年では生活用式の変化に対応できるようにコワーキングスペースの新設やカプセルを増やしたりもしています」

新たなサービスやアイデアをプラスするかどうか。判断基準はあくまでも利用客が喜ぶかどうか。コストの計算より「心の贅沢」の方がプライオリティが高い。

「創業10年目に親父がメインのサウナ室に足湯をつくったんですが、あれは名古屋のウェルビー栄さんのサウナ室を見て『やりたい』と思ったんだそうです。1段目でも足からしっかり温まることが出来るし、サウナ室全体の湿度も高くなる。ただ、ウェルビーさんと違って後付けですし、うちは何をやるにもサウナ専門業者ではない地元の普通の業者さんにお願いしているから、かなり大変だった、と。でも、どうしてもやりたかったので、強行したそうなんですね。

僕もそのあたりは同じ考え方です。他の施設でいいなと感じたり、絶対にこれはお客さんが喜ぶと思えたものは、多少強引でも、どんどん取り入れたいな、と」

琢哉さん自身もタオルを振るロウリュ＆アウフグースのサービス。それに伴うサウナ室の温度と湿度のセッティング調整（温度は下げ、湿度を上げる）。そして、その名も〝サウナサン・システム〟と呼ばれる心地いい水質の水風呂づくり……。

「はい。いろいろやってきました。先ほど〝多少強引でも〟と言いましたが、実際、ロウリュやセッティングの変更は、最初はやや、抵抗もあったんですよね」

サウナ室を大革新!?　2代目のチャレンジと大きな壁

「僕が入った頃のサウナサンは、いわゆる〝昭和ストロング〟のサウナ室だったんです。温度設定が今は90℃ちょっとですが、当時は１１０℃以上はあったんじゃないかな。そして湿度は、足湯の蒸発を合わせてもかなり低く、まさにカラカラなセッティングだったんですね。２０１５年くらいのことです。うちは佐世保で唯一のカプセルホテルだったので、それまではただ待っていてもお客さんが来てくれていたんですが、世の中がだんだん不景気になってきたこともあって、売上が低迷してきたんですね。姉とも『今のままだと昔からのコアな常連さんしかおらんし、その人たちも減ってきている』なんて相談したりしていたんです。

そんなときに、ウエルビー福岡さんで〝ロウリュ〟と〝アウフグース〟というサービスをやっていると聞いて、受けに行ってみたところ、一発で衝撃を受けまして。『コレはぜひうちでもやるべきだ』と、教えてもらえないかお願いしたんです。創業時の親父のとき同様、店長さんたちが本当に快く教えてくださいました」

サウナストーンにかける水の量や、タオルでの蒸気の撹拌のさせ方、煽ぐ強さやリズム……。福岡に通い、技術を学んだが、実は大きな「壁」が存在していた。

「それまでのサウナサンのセッティングでは、とてもじゃないけど温度が高すぎて、ロウリュはできない。でも温度を下げると、おそらく昔からのお客さんにとっては満足できないだろうと親父からも反対されて。う〜ん、どうすればいいかと……。そんな時に、たまたま鹿児島のニューニシノサウナさんに行く機会があったんですが、そこでまた衝撃を受けたんです。80℃台のサウナ室だけど、なんでこんなに汗が出るんだろうって。ニューニシノさんの稲葉常務にうかがったら、ニューニシノさんでも、かつては高温だったのを中温に変えたことと〝温度の下げ方〟を教えてくれたんです。『じっくり時間をかけて3℃ずつ温度を下げながら、湿度を足していき、体感の熱さは変えずに調整していくんだ。ウチもそうやった』って。そのやり方を持ち帰って親父を説得し、2年越しで変えていったんです」

常連さんは、素直に受け入れてくれたんですか？

「いや、やっぱり初めは『なんか、ヌルかね』と、見事なくらいに不評でした。コッソリとやったんですが、3℃といえど、毎日来てくださる方にはバレバレだったんです。もう必死に『絶対に気持ち良くなるんで』と説明して、なんとか納得してもらいました。信頼関係があって良かった（笑）。ただ、そのうち『これはこれでいいね』と言ってくれるようになり、ロウリュとアウフグースを始めたら、初めは『えっ、何すっと？』って言っていた方がどハマりしてくれたり。そうするうちに、口コミを聞いて新規のお客さんも来てくださるようになりました」

Schick

初めてのチャレンジは、見事に成功。さらに、この新しいサウナ室のセッティングに合わせて、水風呂も水温や水質を改良。ほかにも、さまざまなイベントを行ったり、トータルでの「満足度」も高めることに注力し、全国のサウナ好きの間にあらためてその名をとどろかせつつ、進化を続けている。

「もちろんサウナについても、サービスについてもまだまだ勉強中ですし、より良くできることがあれば、改良はしていきたいと思っています。でも、『変えること』そのものだったり、『進化させること』じたいが目的なわけではないので。大切なことは『今日、来ていただいた人をいかに満足させられるか』。そこはこだわっていきたい。新しいチャレンジも『絶対に喜んでもらえるはず』という確信がなければやりません。これからも『心の贅沢』を感じてもらいたいですからね」

時代とともに変わるもの。決して変えず受け継ぐもの

「ただ、ここ数年……サウナサンでいろいろな取り組みをしてきた中で感じるのは、お客さんの〝価値観〟が変わってきたんじゃないか、ということなんです。昔か

らの常連さんは、やはり地元の方が多くて、サウナに入る行為そのもの……うちに『機能』を求めて来てくれていると思うんです。一方で、若い世代を中心に、新しく来てくれるようになった方々の中には、関東や関西などから遠征してくださったり、イベントに合わせて来訪してくれたりする方も多い。多少お金や時間がかかっても、新たな『体験』を得ることに、より価値を見出してくれているというか。そうなってくると、僕らが今後、提供するべきものも、ひょっとしたら変わってくるのかもしれないですよね」

たしかに。ここ数年で、サウナに来る世代や層は明らかに多様化している。

「そうなんです。僕としては、昔からのお客さんにも新しいお客さんにも、どちらにも出来るだけ満足していただきたいですから。いまはバランスを取りながら皆さんに絶対に喜んでもらえるものを提供しつつ、もっと満足してもらえるものを今後も引き続き、模索していきたいですね。

まぁ、でも……ベースとなるものはやっぱり不変だと思うので、そこは絶対にブレずに行きますけれど」

40年来のモットー。心の贅沢＝来て良かった、と思ってもらうことですね。

「はい。それと、浴室フロアから食堂や休憩所に上がってもらう階段のところにサンちゃんのイラストと一緒に『おかえりなさい』って大きく書いた額をかけてるんですが、あの精神です。『来て良かった』『また来よう』って思ってもらい、次に『おかえりなさい』ってお迎えできるように。

親父が創業前に修業に行ったニュージャパン・スパプラザの中野さん（※）の言葉で『人は人でしか癒されない』というのがあるじゃないですか。ここに来て良かったと思われるかどうかって、やっぱり「人」が一番重要だと思うんですね。フロントやレストランでの対応だったり、一生懸命に掃除をしている姿だったり。安心感を持ってもらったり、コミュニケーションを取れるのも人。この先、時代とともに社会は変わるかもしれないですが、流れを読みつつ、僕を含め全スタッフのお客さんへの思いやおもてなしの心は変わらずにありたいと思っています」

※＝中野幸夫氏。大阪の伝説のサウナ「ニュージャパン・スパプラザ」を率い日本のサウナ黎明期を牽引した名経営者。初代日本サウナ・スパ協会会長

サウナ
カプセル
ホテル
サウナサン
24
時間営業

9

サウナピア（愛知県・豊橋市）

ゆっくりでいいから丁寧に。その方が伝わるものがある――

〝港町〟の、〝サウナ仲間〟の、〝理想郷〟

豊橋駅から車で15分ほど。豊橋港からほど近いエリアにある「サウナピア」。その店名は桟橋や埠頭……港に立ち寄った船の係留設備〝PIER〟、仲間や同輩を表す〝PEER〟、そして理想郷と訳される〝UTOPIA〟といったさまざまなワードに共通する「ピア」という音をとって付けられたそう。

なんと洒落た、素敵なネーミングだろう。訪問者が静かに体を休め、仲間に会えるユートピア――。この空間は、まさにそれを体現できる場所でもある。

創業は、昭和57年（1982）。オープンしたのは12月24日――そう、クリスマスイブのことだったそう。

さまざまな工業部品や自動車などの輸出入が行われているこの豊橋港付近一帯では、自動車関連産業、工業はもちろん、運輸・港湾事業、運河や用水を利用した農業、漁業など、実にさまざまな業種の人々が、日々それぞれ汗を流している。きっと、そんな男たちにとって、何よりのクリスマスプレゼントだったのではないだろうか。

割高であっても、あえて古いものにこだわる理由

創業の頃……往時に思いを馳せてしまうのは、なんともエモく、懐かしい気持ちにさせるアイテムやデザインが施設のあちこちに散りばめられているからだろうか。まずはエントランスを彩るロゴのネオン看板。一見してザ・昭和レトロな書体に、たちまちどこかたまらない気分になる。あたりが暗くなり電飾が点灯されると、さらにこの看板の持つ〝パワー〟は増す。「ここをくぐれば、いい世界が広がっているよ」と語りかけ、誘われているような気にさえなる。

館内に入り、ロッカールームへ進むと、大きな化粧鏡が設置されているパウダー

エリアが視界に入ってくる。その天井近くに誂えられたステンドグラスや、顔を照らすウォールランプのクラシカルな味わいもいい。なんだか心が落ち着く。

サウナ室でストーブや照明を目にしたときや、休憩室のさまざまな調度品に触れたときも同様だ。初めてここを訪れたときには、思わず「うほぉ〜」なんて声が漏れたほど。使い込まれた年季が漂っていて、その風格というかヴィンテージ感に、なんともいえないほど心が静かに安らいでいく。

「古いものを、あえて変えない。そこはこだわっていますね」とは、創業者から数えて4代目となる現代表の犬飼智久さん。

「おっしゃっていただいたように、懐かしいものにはどこか心が安らぐと思うんです。実家に久しぶりに帰ったときや、田舎のおじいちゃんの家、おばあちゃんの家に行ったときのあのホッとする感じ。私自身も感じる、そうした本当に心から落ち着いたり、癒されたりする時間をやっぱりここでは提供したいですからね」

詳しく聞いてみると、そのこだわりは半端なものではない。もし部品が故障してしまい、もうそれが生産されていないものだった場合も、新しいものを導入するのではなく、あえてパーツを特注してでも、古いものを使い続けているそう。

「お客様に見える場所のものも、目につかない機械室の中などのものも同じです。サウナ室のサウナストーブのコイル、ボイラーのねじやパーツも割高になることを承知で特注しています。もちろんそれ以前に、壊れないように、劣化しないように、丁寧に手入れをすることも大切なので、今はそこもきっちりとやっているのですが。その、古いものをあえて使い続けることへの思いについては、私同様、いや、私以上にこだわっている息子に聞いていただいてもいいかもしれません」

そう言って、近くを通りかかったご子息の勝幸さんにも声をかけてくれた。

「実は、息子の方がこの店では私の先輩なんです。私は先代……3代目だった父が高齢で引退することになったときに前の会社を辞めて後を継いだんですが、勝幸はこの店でその数年前から働いているので。そして彼が入ってから、この店の雰囲気が、以前よりさらに落ち着いた心地よいものになっている気がするんです」

休む間もなく館内を行き来する勝幸さんにも、少しだけ話を聞かせてもらおう。

どんなにお金をかけても手に入らないもの

――勝幸さんは、小さい頃から、このサウナピアに出入りされていたそうですね。

「そうですね。おじいちゃんが経営していましたし、母もサウナピアの食堂で、もうずっと……20年ほど働いていましたから、物心ついた頃にはすでにサウナピアは身近な存在だったんです。高校生の頃からは、自分でもちょくちょくここのサウナに入りに来たりもしていました」

――環境としては、まさによく言われる「実家のようなサウナ」ですね。

「そうですね（笑）。やっぱり、お客さんたちに言っていただけるような〝懐かしい感じ〟や〝居心地の良さ〟は感じていたので大好きな場所ではありました」

――それで、ご自身もここで働こう、と。

「はじめはそこまで考えていなくて。遠い将来は継ぐのかな、なんて思ってはいたけど、いったん就職しました。鉄道会社で設備管理の仕事をしていましたね」

――なるほど。でも〝将来〟ではなく、今もう、サウナピアに戻ってこられた。

「僕自身もサウナは好きだから、ここに入りに来るし、ほかのお店にも行くんですが、あるとき思ったんです。この店のこの雰囲気ってすごい財産だな、って。最新の設備や綺麗なものはお金があれば誰にでも用意できるけど、40年の歳月、時間が経過したことで生まれるものって、どんなにお金があっても決して手に入らないですよね。ただ、当時のサウナピアって、言い方は難しいんですけど……もう少し〝古い〟だけの感じだったんです。もちろん清潔ではあったけど、〝もっとできることがあるんじゃないか〟って」

――ああ。なんかわかります。古い形ってどこかいいなぁ、で留まらずに、古いけど綺麗で美しいんだよなぁ、と感じて、心の底から癒されるときがあります。

「そうですね。状態としては古くても、〝劣化している〟みたくは見られたくないよな、って。そういう意味では、正直、できることやれることがたくさんあるんじゃないかと感じました。だったら自分がこの店に入ってやってみたらどうなのか。実際にどこまでできるかは分からないけど、面白いんじゃないか。そう考えているうちに、よし、僕がやってやろうと、どこか使命感みたいなものが湧いてきたんです」

前職を辞してサウナピアに入社した勝幸さんは、徹底的に館内の見直しを始めたそう。ただそれは容易なことではもちろんない。毎日、その日のルーティーンの作業もじっくり行ったうえで、あらためて館内をケアして回るのだから。

その作業に手を付け始めてしばらくたったあるとき、じっと見ていた常連さんから掛けられた言葉があるという。

『ゆっくりでもいいから丁寧にやりなよ。お金をかけて急いだり一気に替えたりせずに、時間がかかってもいいからじっくりと。むしろ、その方が心が伝わってくるよ』って言ってくださった方がいて。めちゃくちゃ刺さりましたし、嬉しかったですよね」

それから数年。２０２１年からは智久さんも合流し、親子でサウナピアに磨きをかける日々はもちろん現在も継続中。最も力を入れているのは毎日の開店前にその日のスタッフ総動員で2時間をかけて行う清掃。勝幸さんやほかのスタッフに交じって手順を学ぶうち、智久さんは、ひとつの工夫をしたという。

誰か一人ではなく、必ず全員が同じ目線で「すべての箇所を清掃しているか」「本当にきちんと綺麗にできているか」をチェックしながら作業を進められる、システマチックな流れを整理し、全員で共有したというのだ。

ちなみに勝幸さんは「鉄道会社の設備管理」に従事されていたそうだが、智久さんは「カイゼン」を掲げるあの自動車メーカーにずっと勤務されていたそう。親子揃ってプロフェッショナル。現在の館内のこの快適さも納得なのだ。

誰かと話し、誰かと過ごす

毎日、オープンは朝の11時。数分もすると、館内のあちこちから利用客の声が聞こえてくる。フロントでの入館のやり取りはもちろん、ロッカールームからの大きな「おぅ、おはよう」という挨拶。リクライニングスペースからも笑い声が。

さっそくサウナ室で汗をかこうという人もいれば、ソファで新聞をめくる人も。自由に気ままに利用客が自分の時間を過ごし始める……サウナ施設でよく見る光景だが、ほかの施設と少し違う気もする。声の大きさ、ボリュームだろうか。「皆さん、元気ですね」と思わずつぶやくと、横にいた智久さんが頷いていた。

「そうですね。嬉しくなりますよね。こういう雰囲気は」

智久さん自身もそうだし、すべてのスタッフがお客さんとのコミュニケーションは大切にしているとはいうが、それにしてもアットホームという言葉がハマりすぎている。利用客同士や従業員との距離感も、なんだか見ていて心地いい。

「どこの施設さんも同じだと思いますが……ここに行けば楽しく過ごせる。それも気楽に。そんな場所でありたいという思いは常にあります。皆さんにとっての『第2の家』のように感じてほしいというか。ご覧のように、サウナピアは平屋建てなんですよね。ひとつのフロアでエントランスから浴室、休憩エリアも食事処もマッサージエリアも……と、すべての場所が、一つ屋根の下でつながっている。見通しが良くて、どこにいても、自分以外の人間の気配が感じられるんですよ。ここを設計した先人たちに、本当に感謝したいです（笑）」

たしかに、この開放感のあるレイアウトは居心地の良さを感じてしまう一つの重要なポイントかもしれない。チャンネルの数だけ、いやそれ以上の数のモニターが壁面にズラリと並ぶテレビ視聴コーナーも、仕切りがないからまさに壮観だ。

先ほどのれんをあげたばかりの食事処でも、女将のかおりさんが調理をしながら、カウンター越しにお客さんとにこやかに会話を交わしている姿が見える。

「今はこういうご時世なので、頃合いを見ながらにはなっているんですが……ビンゴ大会などもめちゃくちゃ盛り上がるんですよ（笑）。もちろん、リクライニングも、ＴＶを視聴できるスペースも、仕切りやプライベートブースなどがあれば今風でおしゃれですし、そういう時代になってきているのかなとも思います。

でも、今のところは、サウナピアではこのスタイルですね。プライベート空間というよりは、でかい広間で『横に誰かがおるな』でいいんじゃないか、と（笑）。お客さんで『サウナに入るか分からんけど、なんか来てしまったわ』なんていう方もいらっしゃるんです。あそこに行けば誰かと話せる、誰かと過ごせる。いつの間にか元気になれる。そういう店でありたいんですよね」

常に、もっとも快適な状態をキープしたい

あらためてサウナを堪能させてもらおうと、浴室へ。全館、あえて昔から使い続けているものであふれているのに、更衣スペースのロッカーだけが新品というのは……好印象だ。サウナピアの創業以来のキャッチコピー「健康　清潔　そしてやすらぎを」が忠実に受け継がれている証だ。

浴室に入ると、やっぱり最高だ。洗い場のカランの蛇口もシャワーヘッドも、鏡も、すべて曇りひとつなく磨き上げられてキラッキラ。シャワーの水圧も絶妙だと思う。心地よさは細部に宿る。

サウナ室はまるで軍船の船室のようなデザイン。先にも触れたとおり、サウナストーブも温湿度計も、天井や壁で煌めきを放つ照明も、すべて丁寧に手入れされながら使い続けられてきたもの。アンティークな雰囲気は本当に心を落ち着かせるから不思議だ。とびきりの熱さとじっくり勝負できる。

汗を吸ったサウナパンツを脱ぎ、水風呂へと向かう。シャワーで汗を流すのもよし、水風呂の隣にある、ややぬるめの冷まし湯から掛け水するもよし。オーバーフローの清い水はしっかり冷たく、思わず声が出る気持ち良さ。水面から反射し天井にゆらめく太陽の光を見つめている間に、体から先ほどまでの熱さを奪い去ってくれる。

極めつけは庭の外気浴スペース。サウナピア自体が平屋で周囲に大きな建物も

ないため、休憩用のイスから見上げる青空が大きくて広い。小さな樹々も芝生も丁寧に剪定されていて、なんとも優雅で穏やかな心持ちに。それにしても……40年前に日本で外気浴を実践する施設があったこと、そして美しい状態をずっと維持していることに驚いてしまう。まさにユートピア。恐るべしサウナピア。

すっかり忘我して、いざ2セット目へ。すると驚くことに、つい先ほど脱いでカゴに入れたサウナパンツが、もうキレイになくなっている。これは偶然、回収のタイミングだったということではなく、たとえカゴの中に入っているのが1～2枚であっても、常時、チェックとピックアップを行っているということ。

「何時にいらっしゃったとしても、すべてのお客さんを、朝の清掃を終えたばかりの……最もきれいな開店時の状態でお迎えしたいんです」

今朝、清掃の合間にそう勝幸さんが言っていたことを思い出した。

新しいサウナパンツを身に着けての、2セット目の最中。サウナ室の大きな窓ごしに……たった今、お客さんが立ったばかりのカランのイスと洗面器の位置をきれいに直しているスタッフの姿が見えた。

変わったとしても、絶対に変わらないもの

究極まで丁寧な手入れや清掃などで、40余年を経ても創業当時の状態をそのまま受け継いでいるサウナピア。館内のあちこちから薫る懐かしさや味わい深さ。落ち着いた安らぎは、きっと今後も変わらず提供され続けるはずだ。

「清潔さや丁寧なメンテナンス、お客様とのコミュニケーションのような、これまで私たちが大切にしてきたことは、もちろん今後も徹底的にこだわっていきます。古いものを大切に使うというスタイルも変わりません。ただ、使い勝手が良いように微調整したり、ブラッシュアップするようなことは並行して行っていきたいと思います」

そう語る智久さん。古いものを昔のまま使い続けることには徹底的にこだわり続けるが、それは新しいものを否定するということではない。先ほど聞いた通り、

あくまでも利用客に、安らげる場や明日への活力を提供したいというのが、その真意だ。そのために何ができるか。日々、勝幸さんやかおりさん、スタッフとも相談を重ねているという。

「アンケートBOXに要望を書いてくださる方もいますし、サウナでの楽しみ方や過ごし方も新しいものがいろいろありますよね。それらがサウナピアのお客様にとってどうなのか。今のサウナピアの良さや雰囲気を損なわないことであれば改善を検討しますし、もしそうでない場合であっても、お客様に喜んでもらえるのであれば何かの形で実現できる方法を考えたい、と。たとえば『ロウリュができるストーブにしてほしい』という声もかなりあって、いろいろ考えているところです。現状のサウナ室での実現はおそらく難しいのですが、『庭や敷地内を少し改造して新しいサウナ小屋を建てるのはどう?』みたいな話はしていますね」

何かが変わるかもしれないし、変わらないかもしれない。それは分からない。でも、サウナピアの「居心地の良さ」が変わらないことは、断言できそうだ。

10

サウナセンター（東京都・台東区）

変わることで、変わらないものがある

〝センター〟の由来は……近所のとあるお店がヒントに

仲間内では〝サウセン〟という略称で呼んでいる、なんていう方も少なくないだろう。多くのサウナ好きから〝心安らぐ施設〟に挙げられる東京・鶯谷の「サウナセンター」だが、数年前までは〝大泉〟と呼称する人も多かったように思う。

昭和54年（1979）の創業時は「サウナセンター大泉」という店名だった。

「現在、僕の父がサウナセンターの代表を務めているんですが、もともと、うちでは、父の祖母……僕から見たら曾祖母の代から、旅館、ビジネスホテルを営んでいたんです。曾祖母の名が『泉』だったんですが、その文字をとった『大泉旅館』という屋号だったそうです。『泉旅館』ではなく、〝大〟が付いた理由は分か

りませんが（笑）。いずれにしても、サウナセンターの創業時に、店名に『大泉』と付いたのは、そういう経緯からです」

当時は、サラリーマンが〝企業戦士〟と言われていた時代。

「会社のために毎日がむしゃらに働いたり、仕事仲間と飲んだり。このあたりは上野や浅草などの繁華街にも近く、そういったサラリーマンの方がよく終電を逃しては、泊まる場所を探していたそうです。そういう人たちを間近で見た祖父が、彼らを受け入れてあげられる〝安価で、疲れがとれて、仮眠もできるような施設〟があればいいのでは？　と考えたのが、開業するきっかけだったそうです」

現在、部長として現場を仕切る吉田秀隆さんが創業の背景をそう教えてくれた。

「もちろん僕が生まれる以前のことなので、父に聞いただけなんですが（笑）」。

なお、秀隆さんのお父さんは、２０２３年現在、日本サウナ・スパ協会会長も務める吉田秀雄さんだ。

サウナセンターは6階建て。利用客は、入館して受付を済ませたら、そのまま

1階のロッカー室で更衣し、6階にある浴室・サウナ室へエレベーターで上がる。創業当時は5階が食堂、4階がマッサージとボディケア、およびリクライニングソファのあるフロアで、3階と2階には広い休憩スペースや仮眠ベッドがズラリと並んでいた。祖父の思い通り、開業直後から、多くの利用客で賑わったそう。

「ソファやベッドが埋まってしまい、あぶれてしまった人は、床などの空いたスペースをなんとか見つけて仮眠をとっていたそうです。ものすごく混みあう日には、そうした平らな床すら埋まってしまって、『仕方ないから、2階と3階の間の階段で寝る』なんていうお客さんもいらっしゃったとか」

なお、店名の〝サウセン〟部分＝「サウナセンター」の由来だが、当時、近所に「1階は家具売り場でございます。3階は家具売り場でございます。全フロアが家具売り場でございます」というCMを打っていた「ハヤミズ家具センター」という店があり、「だったら、1階から6階まで全フロアがサウナのウチは『サウナセンター』だ、ということで、そう名付けたそうです（笑）」（秀隆さん）。

本業よりもサウナで──企業戦士の心身も、懐もあたためた⁉

　旅館・ホテル業を本業としながら、当時の人々のために新たにつくったのが、純粋な「ホテル」というよりは「仮眠・宿泊もできるサウナ施設」だったことが興味深い。経済的な面もさることながら、体の疲労をとるという意味でも、サウナは利用者にとってメリットが大きいことから、そうなったのではないだろうか。もしそうなら、サウナセンターに対して多くの人が感じる「安らぎ」や「やさしさ」は、創業時からすでに宿っていたのではないか。そんな気さえしてくる。

　ちなみに、同じ年に、大阪で世界初のカプセルホテルが誕生している。本書の他稿でも幾度かその名が登場する「ニュージャパン・スパプラザ」（ニュージャパン観光株式会社）が、「ニュージャパン 梅田店」に併設してオープンした「カプセル・イン大阪」だ。やはり当時の「企業戦士」たちに、勤務先に近い都心部で、安く泊まれる施設を提供したいという思いから生まれたといわれている。

　１９８０年代には「24時間、戦えますか」なんていう、令和の時代では大炎上しそうなキャッチコピーが流行語にもなった。こうした世相を背景に、全国の都市部にサウナを付設したカプセルホテルが次々とつくられていくが、社会のニーズをいち早く察知したサウナセンター大泉も、その後、2号店、3号店といえる「サウナホテル ニュー大泉」を、鶯谷からほど近い台東区稲荷町や、新宿区新大久保に展開。人々の求めるものに、さらに応え続けていく。

あの「ペンギンルーム」が生まれた理由

「子供の頃、父がどういうふうに働いていたかは、実はよく分からないんですよね(笑)。もちろん、ホテルというか、サウナ・宿泊施設をやっているというのは知っていましたが、父は家では仕事の話はあまりしませんでしたから」

秀隆さんに、創業からしばらく経った頃のサウナセンターの様子、そして幼少時に見た父親の働く姿はどうだったかを尋ねると、そんな答えが返ってきた。

「創業した祖父の会社を父の兄……僕の伯父が継ぎ、父はいったん専務として支えたり、その後、父が別の会社を立ち上げて、2社でうまく担務しあったり。いずれにしても、兄弟で3つのサウナ施設を、何をすればお客さんが喜んでくれるか見極めて、必要に応じてアップデートさせながら受け継いできたかたちになります。家でも父は、静かに資料や本を読んだりしていましたね。今思えば、あれはサウナに関する本で、勉強していたのかもしれません」

秀隆さんの「アップデート」という言葉を聞いた瞬間、「たしかに！」と思った。自分の記憶をたどってみても、サウナセンターは一見、昔ながらの雰囲気は纏ったままに、気づけば常にどこかが変化したり、進化している施設だからだ。

創業当初のサウナセンターには、実はサウナ室が2つあったという。メインのサウナ室＝ドライサウナのほかに、もう1つ、スチームサウナがあったそうだ。平成の初め頃、そのスチームサウナは、現在「ペンギンルーム」と呼ばれる室温をひとケタ台の超低温にしたクールダウンのためのスペースにつくり変えられた。

実は、その少し前のタイミングで、もともとは現在よりずっと狭かった水風呂を拡げ、さらに水温設定を下げるアップデートを行ったそう。この水風呂の調整は、もちろんプラスの効果……体を冷やす際の爽快さはもとより、サウナ室での体のあたため方やイスに座って休憩したときの感覚も含め、さらに違う心地よさをもたらす狙いで行われたものだろう。実際に多くの利用客が歓迎したはずだ。

だがその一方、以前よりも水温を低くしたことで、年配層などの中には水風呂に入れなくなる人も発生したそう。そうした人がゆっくり体を冷やせる設備として、スチームサウナのスペースを「ペンギンルーム」に改装したのだという。

さまざまな選択肢を天秤にかけ、手間がかかっても、多くの人が喜ぶアップデートを遂行していく。なおかつ、その変更過程で戸惑う人がいたら「少数の意見だから、仕方がない」で済ませたり、置いてきぼりにすることなく、常に次善策を検討して、すぐに実行していく姿勢。実に素晴らしいな、と思う。

創業時から「超高温で低湿」という、いわゆるカラカラの「昭和ストロング」だったサウナ室のセッティングについても、本当にじっくりと時間をかけて温湿バランスを探るとともに、理想的な状態、心地よい熱さを追求してきた。

記憶をたどってみる。平成20年代の半ば頃、2012年とか13年頃にはもう行われていたと思うのだが、スタッフによるロウリュとタオルで扇ぐアウフグースのサービスもいち早く取り入れていた。また一時期、セルフロウリュも試験的に実施するなど、本当にさまざまな手法にトライしながら、湿度を上げつつ、温度は逆に少しずつ下げ、常連客たちも出来る限り違和感を覚えないよう配慮しながら調整していったそうだ。

その後、コロナ禍で発出された緊急事態宣言を受け、令和2年（2020）に一時休業をやむなくされた際、その機を逆手にとってサウナ室のリニューアルを敢行。「熱」を最も心地よく体感できるように、座面を高くする一方で、逆に天井が低くなるような改装を。ほかに、それまで石だった壁面を、より調湿効果の高い木の壁に貼り替えるなどのアップデートなども……。営業再開後、久しぶりに訪問した際にそれに気づき、「さらに気持ちよくなった」と感じた記憶もある。

あくまでも私の主観だが、同意してくれる方も、きっと少なくはないはずだ。

やれることはすぐ実践。失敗したらやり直せばいい‼

平成30年（２０１８）の夏。父、秀雄さんがサウナセンターの代表になったのを機に、浴室フロアにとどまらず、全館をまさに大刷新するリニューアルを実施。その際に、屋号も正式に「サウナセンター」に改められた。

「あのリニューアルは大変でしたね。壁紙、カーペットもすべて貼り直して、フロアの構成も変更したので、本当に徹底的に大掃除をした記憶があります。僕はその少し前に入社したんですが、『ここまでやるのは創業以来だ』と聞きました。毎日キレイに掃除していたつもりでも、バックヤードなどではボロが来ていて。以来、日常の掃除やメンテナンスにより気合を入れて臨むようになりましたね」

その言葉どおり、このときの改装で、6階が浴室、5階がレストランというのはそのままに、4階から下のフロアがガラッと変えられた。4階はリクライニングソファを置いたエリアとマッサージを行うエリアが半々というレイアウトだったが、1フロアまるごと、リクライニングソファでくつろぐ休憩スペースに変更。3階は休憩スペース、2階は仮眠用の簡易ベッドが並ぶフロアだったが、この2フロアはともにカプセルルームを設置した宿泊フロアに変更された。そして、マッサージコーナーは1階に移設。

まず最上階でサウナを楽しみ、浴後は5階に下りて喉を潤したり、ごはんを食べたり。お腹を満たしたら、さらに下のフロアでしばらくゆっくり休憩する……という、サウナ後の理想的な「動線」なのは基本的に変わらないが、移動が少ない4階に休憩できるソファが増えたことで喜んだ人は多い。宿泊用に「雑魚寝」的な雰囲気ではなく仕切りのあるカプセルが用意されたのも、時代に応じて求められたアップデートといえるだろう。

「そうですね。かつてはマッサージやボディケアを希望される方が本当にたくさんいらっしゃったと聞いているんですが、今ではその数がだいぶ変わってきています。そうであれば、あのスペースはどう使えば一番いいだろうか、と。全体的なお店のサービスや雰囲気は変えないまま、施設としての使いやすさや機能は進化させる。そのことは常に心がけています。大きなリニューアルも必要ならやりますし、すぐできることは即実施する。父はもちろん、僕も全スタッフも、徹底してそういう意識を持つようにしていますね」

入社してから、秀雄さんから教わったことで、一番印象に残っていることは何ですか？　と聞いてみた。

「具体的なことは、実はほとんどないんですよ。強く言われたのは、たった一つ『常にお客さんのことを思って仕事をしろ』ということ。あとは『自分でやってみて、自分で考えなさい。そのうえで〝いい〟と思ったらやってみて構わない』というスタイルです。ダメだったらすぐに元に戻せばいいんだから、と」

全国的に知られる「サウセン名物」。生みの親は意外にも……

実際、入社してからの数年間で、秀隆さんが提案したものもあるという。

「レストランの新メニューとか、細かいものを含めればいくつもありますね。僕が入社した頃、スタッフの人数がちょっと少なくなってしまっていた時期があったんですね。それもあって、結構長い間……3ヵ月間ほど、毎日朝8時から夜11時まで、ずっと厨房に入りっぱなしだったんです。うちは看板メニューの生姜焼きやハムエッグ、燻製カレーなんかが一番オーダーが多いんですよ。自分たちで言うのも何ですが……出しているメニューは、ぜんぶウマいんですよね（笑）。そういうことも知ってもらいたい、という気持ちもあって、人気メニューに負けないような新メニューもさらにいろいろ考えたいなって。実際に提供を始めたものの一つに『ラーメンサラダ』っていう料理があるんです。本当にウマくて自信作だったんですが、まったくといっていいほど注文されなかったですけど（笑）」

サウナセンターでは、毎朝10時から11時の1時間で徹底的に浴室清掃を行う。限りある時間内で、隅々まで磨き上げるため、従業員全員が同じ手順を叩き込まれる。まさに一糸乱れぬ動きは圧巻なのだが、「常に、そのやり方に、さらなる工夫を加えられないか」を考えながら作業するように教え込まれるそう。

「だから、そこでも、何か思いついてみんなに提案しないといけないんです。実際にいいことだったら採用されますね。僕の案でも、採用されて、みんなに共有して実践してもらっていることはありますね。あの、各カランで使っていただいているシャワーホースを、きれいにまとめて巻いていくやり方なんですけど……」

えっ、あの、いわゆる「サウセン巻き」と呼ばれるシャワーホースのまとめ方は秀隆さんが？　ベテランの方から受け継がれてきたものだと思ってました。

「そうですね。あれは実は僕が提案したものになります。めいめいが好き勝手にただ丸めるのだと、すぐに緩んでしまって見栄えが悪いなぁ、って。〝この部分をこう丸めて、こう架ければキレイな形が維持される〟というポイントを見つけて発表したら、先輩スタッフからも〝いいねぇ〟って。採用されました（笑）」

先達からの問いかけを胸に

入社して2年ほどが過ぎた頃、秀雄さんから送り出されて、「ウェルビー」に〝修業〟に行ったことがあるそう。

「父がウェルビーの米田（行孝）社長に頼んで、引き受けていただいて。1ヵ月なんですが福岡店と名古屋の今池店にうかがいました。どちらのお店でもうちにはないものや考え方を経験させてもらいましたし、今池にお邪魔した際は大垣サ

ウナに連れて行ってもらったりもして。素晴らしい経験をさせていただきました。そのときにウェルビーの専務さんに『サウナセンターの良さを分かるかい?』と聞かれて。『教えてもらえますか?』と答えたら『私は答えを持ってるけど、それをあなた自身で探してみなさい』と言われたんです。あれから数年、ずっと考えて少し見えてきた気がしています。まだ完全には確信を持てないので今は言いませんが(笑)、今後も考え続けて、自分の中で確立したいと思っています」

もちろん秀隆さん自身もサウナ好き。他の店にもよく出かけるが、ここ2年ほどの間に秀雄さんから声をかけられ、一緒に他の施設に行く機会も増えたという。

「遠いところでは『湯らっくす』さんだったり、『ウェルビー』さんや『SaunaLab』さん。近くなら『北欧』さんとか。そういう時、父には『悪いところではなく、いいところを探せ』と言われますね。『それを持ち帰って、うちの店で〝オリジナル〟になるまで落とし込めば、お客さんも喜んでくれる』って」

自店をしっかり見つめ、他の名施設からも学び……常に成長していきたい。

サウナセンター

「もちろん変わってはいけない部分……創業以来、大切にしてきた、あたたかさや心地よい雰囲気づくり、お客さんへの思いはそのままに。そのうえで、現状に満足してしまうのではなく、出来ることを常に探して、進化していきたいですね。ここ数年で、新しいお客さんが増えていることもあって、やはり、少し手狭感を感じてるんです。これをできれば解消していきたいな、と。敷地は狭いですが、実は7階に屋上というか、半ルーフトップのエリアがあるんです。現在は機械室や備品倉庫のようにしているんですが、いつかそこを活用できないかな、とぼんやりですが考えてはいます。それと最近、養蜂業の方との取り組みで、その上の8階部分にミツバチの巣箱を置いているんです。昨年は1家族、今年は2家族。収穫する蜜も増えてきました。フロントで販売もしていますが、量がもっと増えたら、これを使ったレストランの新メニューとかも、また考えたりしてもいいかなって（笑）。小さいこと、大きなこと。コツコツいろいろ考えていきたいです」

足下を見失うことなく、理想や思いは高く、さらに上へ、前へ。新たなサービスを取り入れ、常に〝変わる〟ことで、安らぎを〝変わらず〟与えてくれるサウナセンター。その思いのあたたかさに包まれに、今日も誰かが足を運んでいる。

あとがき

サウナ施設の取材や、様々な人にサウナに関するインタビューをする機会も少なくないが、そのたびに思うのが「サウナがあって、良かった」ということだ。

人それぞれで表現は違うし、求めるものや感じるものは異なるけれど……おしなべて皆さん、「気持ち良く」なり、「元気」になって、「やさしい気持ち」になる。フィジカルとメンタル、その両面における、とてつもない多幸感――私を含め、サウナが好きな人がここ数年、増えているのもめちゃくちゃ頷ける。

だから（まぁ、今さら私ごときが言うことではないし、やや大げさだが）、本当にそうしたものを提供してくれるサウナ施設に出会うと、感謝や敬意を覚える。「神は細部に宿る」の喩えのように、館内の隅々から、格別な何かを感じるようなサウナ施設。隅々まで、訪れる人への思いが行き渡った空間。

今回掲載させていただいた10の施設もまさにそう。創業時からのエピソードに、何度「うわっ、凄い」と驚き、何度「へぇ〜！」と、感嘆させられたことか。ちょっと感動するほど丁寧で、手際の良さも圧巻の清掃作業。常連客との心が通い合ったやさしい会話などにも心をギュっと掴まれる。どの施設の方も「休むと、お客さんは困ってしまうから」「そんなのは、あたり前のことだから」と口にするけれど……数十年間、毎日それを繰り返し続けることが、どれほど凄いことか。

取材をご快諾いただき、ご協力くださったことに。そして常に格別な場所であり続けてくださることに――本書に掲載させていただいた10のサウナ施設の皆さまに感謝いたします。また、あらためてこのグッとくるお話を聞く機会を与えてくださった、「NOSTALGIC SAUNA」の制作をともにしたマグ万平さんをはじめとする「のちほど」チームの皆さまにも謝意を。

拙文に最後までお付き合いくださった皆さんも、ありがとうございました。皆さんが素晴らしい場所で、安らかないい時間を過ごされることを願ってやみません。もちろん機会があれば――この10施設にもぜひ足を運んでみてください。

令和5年（2023）8月吉日

青山薫夫　あおやましげお
エディター、ライター。神奈川県生まれ。大学卒業後、出版社に入社。雑誌編集に携わったのち、現在はフリーランスのエディター、ライターとして活動。サウナ関連雑誌「SAUNA BROS.」（東京ニュース通信社）やそのウェブサイト「SAUNA BROS.WEB」でも数多くの記事編集や企画ディレクション、ライティングを担当。サウナ浴やサウナ施設の表側だけでなく、本質を見つめたいと奮闘中。

デザイン　加藤麻衣子
撮影　佐藤佑一
編集　篠﨑司　西啓亮　中村理英子　久保友里乃
制作協力　「マグ万平ののちほどサウナで」チームのみなさま

NOSTALGIC《ノスタルジック》 SAUNA《サウナ》
やさしくて、あたたかい　10のサウナの物語《ものがたり》

第1刷　2023年8月8日

著者　青山薫夫
発行者　石川究
発行　株式会社東京ニュース通信社
〒104-6224　東京都中央区晴海1-8-12
電話　03-6367-8037
発売　株式会社講談社
〒112-8001　東京都文京区音羽2-12-21
電話　03-5395-3606
印刷・製本　株式会社シナノ

ISBN978-4-06-533235-1